T0284451

Dinámica de la familia

Dinámica de la familia

Desde un enfoque psicológico sistémico

Dinámica de la familia

Desde un enfoque psicológico sistémico

Luz de Lourdes Eguiluz

Compiladora

Dinámica de la familia

Con la colaboración de: Alba Luz Robles Mendoza, José Carlos Rosales Pérez, Alexis Ibarra Martínez, Martha Córdova Osnaya, José Gómez Herrera y Ana Luisa González-Celis Rangel.

Portada: Elizabeth Gallardo Lozano

Primera edición en Terracota: marzo 2024

© 2024, 2003, Luz de Lourdes Eguiluz Romo
© 2024, Editorial Terracota bajo el sello Pax

ISBN: 978-607-713-547-0

EDITORIAL
TERRACOTA

DR © 2024, Editorial Terracota, SA de CV
Av. Cuauhtémoc 1430
Col. Santa Cruz Atoyac
03310 Ciudad de México

Tel. +52 55 5335 0090
www.terradelibros.com

2028   2027   2026   2025   2024
   5   4   3   2   1

Índice

Introducción   13

Capítulo 1. La familia según el modelo sistémico   15
Luz de Lourdes Eguiluz
    La familia como un sistema compuesto por otros subsistemas   15
        Subsistema conyugal   15
        Subsistema parental   16
        Subsistema fraterno   16
    La familia en constante transformación   17
    La familia como un sistema activo y autorregulado   18
    La familia como sistema abierto en interacción con otros sistemas 18
    Propiedades de la familia como sistema   19
    El ciclo vital de la familia   21
        Enamoramiento y noviazgo   22
        Matrimonio   23
        Llegada de los hijos   24
        Hijos adolescentes y adultos   25
        Vejez y jubilación   26
    Resumen   27
    Bibliografía   28

Capítulo 2. Formas y expresiones de la familia   29
Alba Luz Robles Mendoza
    De acuerdo con el número de elementos que la forman   29
        Familias nucleares   29
        Familias extensas   30
    De acuerdo con la forma de constitución   32
        Familias de padres divorciados   32

Familias reconstituidas   34
Familias monoparentales   35
Familias adoptivas   37
Familias homosexuales   38
Conclusiones   40
Bibliografía   41

CAPÍTULO 3. Comunicación y familia   43
José Carlos Rosales Pérez
Comunicación: conceptos clave y definición   43
Principios del estudio de la comunicación en la familia
desde la perspectiva sistémica   49
Comunicación y familia: problemas y alternativas   54
Bibliografía   59

CAPÍTULO 4. La familia y sus creencias: relaciones y significados   61
Alexis Ibarra Martínez
Yo-nosotros   61
Relaciones   62
Relaciones y lenguaje   62
Comunidades de significado   64
La familia como comunidad de significados   66
La familia como una red de historias   69
Conclusiones   71
Bibliografía   72

CAPÍTULO 5. La formación de pareja   73
Martha Córdova Osnaya
La formación de las parejas a lo largo de la historia   74
Aspectos que intervienen en la formación de pareja   79
Circunstancias espaciotemporales   79
Las redes sociales   80
¿Qué sigue después?   80
La influencia cultural en la selección de la pareja   81
La individualidad en la selección de la pareja   82
Factores que intervienen para formar una familia   84
Enamoramiento   85
La pareja cubre el ideal personal   86

Relaciones sexuales aceptadas socialmente   87
Formalizar la relación ante el posible embarazo   87
Búsqueda de compromiso   87
Olvidar un compromiso anterior   88
Escapar de situaciones de pobreza o conflictos familiares   88
Cuestiones demográficas   88
Conclusiones   89
Bibliografía   90

Capítulo 6. La familia con hijos pequeños   93
Luz de Lourdes Eguiluz
La pareja y la llegada del primer hijo   94
Desarrollo de la capacidad expresiva
y aparición del lenguaje en el niño   96
El ingreso del niño en la escuela   98
La llegada de un hermanito   101
Bibliografía   104

Capítulo 7. El adolescente en la familia y la escuela   105
José Gómez Herrera
Introducción   105
La familia como contexto vital del sano
desarrollo del adolescente   106
La socialización entre adolescentes   108
El adolescente en las aulas   109
La autoestima en los adolescentes   110
Desórdenes alimenticios en la adolescencia   111
    Bulimia   111
    Anorexia   113
    Obesidad   114
Antisocialidad y delincuencia en adolescentes   116
Adicciones entre los jóvenes   116
Depresión en adolescentes   117
Embarazo temprano en las adolescentes   118
    Repercusiones en el desarrollo físico
    de adolescentes embarazadas   118
    Repercusiones psicológicas del embarazo
    en la adolescencia   119

El adolescente que vive en una familia funcional   120
Conclusiones   121
Bibliografía   122

CAPÍTULO 8. Los adultos mayores: un reto para la familia   125
Ana Luisa González-Celis Rangel
    Los adultos mayores en el contexto de la familia   125
        El papel de los ancianos   126
        Necesidades de los ancianos   128
        Apoyo social y familiar   129
    El proceso de envejecimiento en la familia   131
        Relaciones intragerenacionales e intergeneracionales   131
    El bienestar de la familia y de los ancianos   132
    Nuevas perspectivas de la familia con adultos mayores   133
    Conclusiones   134
    Bibliografía   135

Acerca de los autores   137

Introducción

La idea de hacer este libro surge como parte de las actividades del proyecto de investigación Salud y Familia, apoyado por el Consejo de Investigación de la Universidad Nacional Autónoma de México (UNAM). En este proyecto trabajamos ocho profesores de la Facultad de Psicología del campus Iztacala, quienes además de la docencia realizamos actividades de investigación, cuyo objeto de estudio es la familia y su marco teórico epistemológico: la teoría sistémica.

Uno de los objetivos centrales del proyecto es conocer cómo se dan los procesos interaccionales dentro de los grupos sociales llamados familias, que permiten la formación de sentimientos de bienestar, lealtad, reciprocidad, apoyo y demás similares; o, por el contrario, sentimientos de malestar, desconfianza, envidia y otros, que llegan a obstaculizar el crecimiento emocional de la persona.

Sabemos que la familia, como grupo social primario en el que la mayor parte de los seres humanos hemos crecido, puede contribuir a nuestro bienestar, pero también perjudicar y obstaculizar nuestro crecimiento normativo. Al entender la tarea complicada y difícil a que se abocan las familias (transmitir los valores y las creencias del grupo, ofrecer una manera de ver las cosas...), interesa conocer tanto las diferencias y semejanzas dadas en la estructura familiar como las consecuencias que conlleva vivir dentro de uno u otro tipo de estructura.

Capítulo 1

La familia según el modelo sistémico

Luz de Lourdes Eguiluz

La familia como un sistema compuesto por otros subsistemas

En esta obra nos referiremos a la familia como *sistema*, lo que implica explicarla como una unidad interactiva, como un "organismo vivo" compuesto de distintas partes que ejercen interacciones recíprocas. Del mismo modo, podemos considerar a la familia un sistema abierto constituido por varias unidades ligadas entre sí por reglas de comportamiento; cada parte del sistema se comporta como una unidad diferenciada, al mismo tiempo que influye y es influida por otras que forman el sistema.

Subsistema conyugal

La familia es un sistema relacional que conecta al individuo con el grupo amplio, llamado *sociedad*. Para Andolfi (1977), la familia es un sistema relacional,[1] lo que implica verla como un todo orgánico "que supera y articula entre sí los diversos componentes individuales" (p. 18). Los componentes individuales, el esposo y la esposa, y la relación que entre ellos se genera forman juntos una unidad más compleja, denominada subsistema conyugal.

El sistema conyugal se construye cuando dos adultos de sexo diferente se unen con la intención expresa de construir una familia. Posee tareas y funciones específicas vitales para el buen funcionamiento del grupo. Las principales cualidades requeridas son la complementariedad y la acomodación mutua (...).

---

[1] Sistema relacional es un conjunto formado "por una o más unidades vinculadas entre sí, de modo que el cambio de estado de una unidad va seguido por un cambio en las otras unidades; este va seguido de nuevo por un cambio de estado en la unidad primitiva modificada, y así sucesivamente" (Parson y Bales, 1955, en Andolfi, 1985).

Tanto el esposo como la esposa deben ceder parte de su individualidad para lograr un sentido de pertenencia (Minuchin, 1983, p. 92).

Subsistema parental

Si atendemos a la relación que este subsistema mantiene con los hijos, estaremos refiriéndonos al *subsistema parental*, es decir, a las relaciones afectivas y comunicacionales dadas entre padres e hijos. Cuando nace el primer hijo, inicia la formación de un nuevo nivel.

En una familia intacta, el subsistema conyugal debe diferenciarse entonces para desempeñar las tareas de socializar a un hijo sin renunciar al mutuo apoyo que caracterizará al subsistema conyugal. Es necesario trazar un límite que permita el acceso del niño a ambos padres y, al mismo tiempo, que lo excluya de las relaciones conyugales (Minuchin, 1983, p. 94).

Subsistema fraterno

El tercer y último subsistema es el *fraterno*, formado a partir de que hay más de un hijo en la familia. En este subsistema, los hijos aprenden a llevar relaciones de camaradería, a cooperar, a compartir y a negociar, pero también a recelar, envidiar y pelear con sus pares (es decir, sus iguales en edad y experiencia).

Para Minuchin (1983), el subsistema fraterno es un laboratorio social donde los niños aprenden a experimentar relaciones con sus iguales, a lograr amigos y aliados, a guardar las apariencias cuando ceden y a obtener reconocimiento por sus habilidades. Pueden asumir posiciones diferentes en sus relaciones mutuas y que resultan significativas en el desarrollo posterior de sus vidas.

La familia es un grupo social con una historia compartida de interacciones; es un sistema compuesto por personas de diferente edad, sexo y características que, por lo general, comparten el mismo techo. Sánchez (1980) considera a la familia la unidad fundamental de la sociedad, el grupo social que conserva nexos de parentesco entre sus miembros, tanto de tipo legal como consanguíneo, y que se constituye por individuos de generaciones distintas.

Según el fundador de la teoría estructural sistémica, Salvador Minuchin, la familia puede verse como un sistema que opera dentro de otros sistemas más amplios y tiene tres características: *a)* su estructura es la de un sistema sociocultural abierto, siempre en proceso de transformación; *b)* se desarrolla en una serie de etapas marcadas por crisis que la obligan a modificar su estructura, sin perder por ello su identidad (*ciclo vital*), y *c)* es capaz de adaptarse a las circunstancias cambiantes del entorno modificando sus reglas y comportamientos para acoplarse a las demandas externas. Este proceso de continuidad y cambio permite que la familia crezca y se desarrolle y, al mismo tiempo, asegura la diferenciación de sus miembros.

Cuando hablamos de crecimiento familiar, no es posible dejar de lado la combinación de una serie de factores que, según Ackerman (1982), corresponden a aspectos biológicos, psicológicos, sociales y económicos. Desde el punto de vista biológico, la familia tiene como función prioritaria la perpetuación de la especie; desde el psicológico, ofrece la interconexión socioafectiva, pues crea los vínculos de interdependencia requeridos para satisfacer las necesidades individuales; desde el social, facilita la transferencia de valores, creencias y costumbres, así como la transmisión de habilidades que ayudan al crecimiento; por último, respecto a los factores económicos, permite la diferenciación de tareas y la previsión de necesidades materiales.

Cuando el biólogo Von Bertalanffy (1978) desarrolló la teoría general de los sistemas, no pudo imaginar que sería empleada para explicar la operación de los grupos y el comportamiento de las familias. De esta teoría retomaremos tres conceptos, importantes para comprender el funcionamiento de la familia: *a)* la familia puede verse como un sistema en constante transformación; *b)* se explica como un sistema activo autogobernado, y *c)* es un sistema abierto en interacción con otros sistemas.

La familia en constante transformación

El sistema familiar está compuesto de diversos subsistemas: *a)* el conyugal, formado por ambos miembros de la pareja; *b)* el parental, constituido por los padres con los hijos, y *c)* el fraterno, formado por los hijos. Cada uno está constituido por los sistemas personales o *individuos*, de modo que todos, por ser sistemas vivos, pasan por el ciclo de desarrollo normativo: nacen, crecen, se reproducen y mueren.

El sistema familiar está en constante cambio porque se acopla a los distintos momentos de desarrollo por los que atraviesa. La familia recién constituida y con un recién nacido requiere, para mantener su unidad y continuar su crecimiento, un esfuerzo distinto que si tuviera hijos adolescentes o adultos.

Para transformarse, todo sistema requiere dos fuerzas aparentemente contradictorias: la capacidad de transformación, que lleva al cambio; y la tendencia a la homeostasis, que mantiene la constancia.

La familia como un sistema activo y autorregulado

Los sistemas crean, a través de múltiples interacciones, una serie de reglas que configuran su estructura (Minuchin, 1983). Estas se modifican por ensayo y error, pero se mantienen constantes en el tiempo, de modo que cada uno de los individuos que forman el sistema sabe qué está permitido y qué está prohibido y sabe cuándo y qué debe hacer para ser aceptado por los otros. De esta manera, las relaciones entre los individuos se forman de modo estable, lo cual proporciona un sistema seguro que autocontiene a las personas y les permite sentir que son una parte y el todo a la vez.

Por ser la familia un sistema activo, aparecen tensiones generadas en el paso de una etapa a otra, en parte causadas por los cambios dentro del sistema (por ejemplo, la pérdida del trabajo del padre o el cambio de vecindario —cambios intersistémicos—). Todo cambio requerirá un proceso de ajuste y de adaptación de los miembros de la familia a las nuevas condiciones internas y externas para conservar su estructura.

La familia como sistema abierto en interacción con otros sistemas

La familia ajusta y modifica su estructura al entrar en contacto con los suprasistemas en que participa; por ejemplo, la escuela de los hijos, el sistema laboral de los padres o el vecindario. Todos estos sistemas influyen en la familia necesariamente con sus reglas, valores y creencias y ocasionan cambios en el grupo familiar.

> La familia es un sistema entre otros sistemas. La exploración de las relaciones interpersonales y de las normas que regulan la vida de los grupos en que el individuo está más arraigado será un elemento indispensable para la comprensión de los comportamientos de quienes forman parte de estos y para la realización de una intervención significativa en situaciones de emergencia (Andolfi, 1985, p. 22).

Para Ochoa de Alda (1995), el sistema familiar se compone "de un conjunto de personas, relacionadas entre sí, que forman una unidad frente al medio externo" (p. 19). Esa autora ofrece una serie de conceptos útiles para comprender a la familia como un sistema. Inicia la descripción con el concepto de límites, que funcionan como líneas de demarcación y, al mismo tiempo, como frontera de intercambio de comunicación, afecto, apoyo y demás entre dos individuos o subsistemas.

Propiedades de la familia como sistema

Minuchin (1983) señala que en las familias se pueden observar principalmente propiedades de totalidad, causalidad circular, equifinalidad, jerarquías, triangulaciones, alianzas, centralidad y reglas de relación.

a. *Totalidad:* el comportamiento de todo el sistema familiar no puede ser explicado como la suma de la conducta de sus miembros. Von Bertalanffy (1978) ya había señalado esto al referirse a los sistemas en general, pues las relaciones dadas entre los individuos promueven cambios cualitativos; de ese modo, lo que ocurra a un miembro del sistema familiar afectará a los demás integrantes.

b. *Causalidad circular:* las relaciones entre los miembros del sistema se presentan en forma repetida y recíproca, de modo que pueden ser observadas como pautas de interacción. Por ejemplo, esta escena en una familia puede ser algo común: el marido, molesto, empieza a gritar. La esposa se aleja y se encierra en la recámara, mientras el niño pequeño llora. El padre lo atiende y se tranquiliza. La madre sale de su encierro y el niño deja de llorar. Esta secuencia puede repetirse varias veces durante la semana.

c. *Equifinalidad:* en la teoría de los sistemas, el término significa que un sistema puede alcanzar el mismo resultado final a partir de condiciones iniciales diferentes. De la misma manera, un concepto distinto, pero relacionado con el anterior, es el de equicausalidad, el cual implica que la misma condición inicial puede llevar a resultados distintos. Ambos términos nos llevan a considerar que no hay causalidad lineal ni mecánica.

d. *Jerarquías:* todo sistema se establece con base en la organización de las diferencias entre los individuos, de modo que unos ocupen el lugar jerárquico más elevado, mientras los otros se distribuyen alrededor o debajo, ocupando distintos lugares. La jerarquía implica poder, relacionado con factores como edad, conocimiento, género, riqueza u otros.

e. *Triangulaciones:* con este término nos referimos a las relaciones duraderas formadas entre algunos miembros del sistema, en las cuales dos personas de diferente subsistema (padre e hijo, por ejemplo) se unen contra otra del sistema (la madre o una hija). Las triangulaciones generalmente ocasionan conflictos entre los miembros.

f. *Alianzas*: igual que en las triangulaciones, son relaciones construidas de la misma manera que las anteriores, pero menos duraderas y en general producen beneficios al sistema. Por ejemplo, el padre y los hijos se alían para limpiar la casa mientras la madre está enferma.

g. *Centralidad*: se observa generalmente cuando un miembro ocupa un espacio emocional mucho mayor que los otros integrantes del sistema. Una persona puede ser central y acaparar la atención de los otros por estar enferma o por desarrollar un comportamiento atípico o disfuncional, pero también por ser sumamente amorosa y tener la función de unir a los integrantes del sistema. En ocasiones, cuando uno solo ejerce la centralidad durante muchos años y llega a faltar, el sistema resulta perturbado y pierde estabilidad, lo que puede conducir a su vez a la desintegración o a generar una forma más compleja de estabilidad a fin de conservar su estructura.

h. *Reglas de relación*: las formas de interacción constantes generan reglas de comportamiento que dan una estructura más estable al sistema. Los personajes de la familia necesitan definir las relaciones entre ellos y otros elementos del sistema, pues, como señala Ochoa de Alda (1995), uno de los factores con mayor trascendencia en la vida humana es "la manera como las personas encuadran la conducta al comunicarse entre sí" (p. 21). En función de la relación dada, adquieren significado no solo las palabras sino también las acciones que los miembros realizan. Por ejemplo, supongamos un diálogo entre madre e hija adolescente; la primera reclama por la falta de atención y cuidado con que la chica maneja sus relaciones con los amigos y, sin embargo, le dice después de un rato: "invita a tus amigos a casa para tu cumpleaños". La joven no sabrá qué responder, ya que no pudo interpretar adecuadamente el mensaje de la madre.

La familia es, desde el punto de vista de Madanes (citado en Watzlawick y Nardone, 2000), un grupo fundamental de autoayuda. Nadie puede ayudar u obstaculizar tanto el bienestar de alguien como quienes mantienen relaciones con él, con su historia, su presente y su futuro. Esta es una de las grandes razones para estudiar a la familia: es claro que si ocurre un problema en el ámbito del contexto —y el contexto más importante son las relaciones con las personas significativas–, las relaciones cambian y, con ellas, la persona.

El ciclo vital de la familia

Para Carter y McGoldrick (1981; 1989), quienes ven a la familia como un sistema vivo y en constante evolución, los hechos nodales de esta transformación cíclica del sistema familiar son la relación de noviazgo, el matrimonio, la crianza de los hijos, la partida de estos del hogar y la muerte de algún miembro de la pareja. Todas estas etapas producen cambios que requieren ajustes en las reglas de relación del sistema, por lo que el paso de una fase a otra está marcado por un periodo de inestabilidad y de crisis.

Las crisis –entendidas como la oportunidad de hacer cambios, lo cual no implica que aquellas sean negativas necesariamente– producen transformaciones adaptativas ligadas a los cambios del entorno y a los del desarrollo de los miembros del grupo familiar. El sistema debe mostrar ajustes, reorganizando los papeles que cada uno desempeña y adaptando las reglas a las edades de sus integrantes.

Cabe señalar que las etapas del ciclo vital no son rígidas ni están ligadas obligatoriamente a las edades de la pareja, aunque cuanto más joven sea la pareja que inicia el ciclo, sus propios padres y abuelos se verán enfrentados a otras etapas del ciclo. Por tal razón, es conveniente considerar tres generaciones en la observación o estudio, es decir, a la pareja junto con el sistema de padres y abuelos.

De este modo, es fácilmente observable que los ciclos se yuxtaponen. Así, mientras los hijos de entre 20 y 25 años viven el proceso de enamoramiento y formación de pareja, los padres, de 45 a 55 años, están en la etapa de desprendimiento o "nido vacío" y los abuelos, si aún viven, se encuentran en la última fase del ciclo como adultos mayores, quizá recién jubilados, con edades de entre 65 y 75 años. Cada uno de estos subsistemas enfrentará diferentes crisis de acuerdo con la etapa en que se encuentre.

Debemos considerar que existen también ciclos vitales alternativos que no se ajustan al que hemos señalado (es decir, el normativo), ya sea porque el ciclo de la pareja se interrumpió por una separación, un divorcio o la muerte prematura de uno de los cónyuges o porque la pareja no tuvo hijos o estos nacieron con mucho tiempo de diferencia (tal vez hasta 20 años entre el mayor y el menor). En tal caso, esta familia será clasificada como "de dos generaciones". Sin embargo, a pesar de las variaciones circunstanciales, toda familia tiene que ajustarse a los cambios para continuar su evolución. Enseguida analizaremos las etapas importantes del ciclo de vida familiar.

Enamoramiento y noviazgo

La relación de pareja inicia cuando dos individuos distintos, que pertenecen a diferentes grupos sociales, se separan de su grupo original con la intención de formar un nuevo sistema. Para Alberoni (1994), el proceso de enamoramiento es uno de los fenómenos colectivos más interesantes, dado que, a pesar de ser grupal, intervienen en él solamente dos personas. Al respecto, señal: "En la historia de la vida social existen fenómenos particulares –los movimientos colectivos– en los que las relaciones entre los hombres cambian sustancial, radicalmente y se transfigura la calidad de la vida y la experiencia. [...] Son movimientos que dan origen a un nuevo 'nosotros' colectivo hecho por solo dos personas, como el enamoramiento" (p. 12).

Para Alberoni (1994), este movimiento colectivo tiene tal fuerza y magnitud, que es capaz de dividir lo que estaba unido y unir lo que estaba dividido para formar un nuevo sujeto social: la pareja amante-amado.

Sin embargo, para que una pareja tenga posibilidades de desarrollarse es necesario que tanto él como ella se encuentren diferenciados de su grupo familiar, es decir, que sean autónomos y autosuficientes. Lemaire (1992) habla de la importancia de la diferenciación del self que el joven debe realizar previamente en su familia y de la confirmación del self dada por el trabajo. Este autor señala que la diferenciación y la confirmación del yo son los rasgos de madurez necesarios para iniciar una relación de pareja.

Durante esta primera etapa, la pareja negocia poco a poco las pautas de relación, la intimidad, las formas de comunicación, los límites entre ellos y sus respectivas familias de origen o la forma de resolver las diferencias que surgen. Así, cada uno de los integrantes de la pareja tiene que aceptar y negociar la separación de su respectiva familia.

En la etapa del noviazgo es común que los jóvenes pasen muchas horas juntos y que durante la mayor parte del tiempo cuenten entre sí su vida, con todo detalle, porque quieren hacer participar al otro de la totalidad de su ser y, por tanto, de su pasado. Es como si quisieran poner "al corriente" a la otra persona respecto de todo lo ocurrido antes de conocerla.

Los enamorados perciben con toda claridad el self diferenciado; precisamente la diversidad es uno de los elementos que da surgimiento al estado naciente (Alberoni, 1994). La persona amada interesa al amante porque es diferente, porque es portador de una propia e inconfundible especificidad a pesar de eso, durante el enamoramiento se tiende a la fusión.

Aquí tenemos una aparente contradicción: el enamorado admira lo distinto que hay en la otra, pero al mismo tiempo quiere parecerse a ella, quiere ser uno con ella. Alberoni explica esto de la siguiente manera:

> La reciprocidad del amor significa que ambos quieren a la vez lo que es importante para cada uno. La individualización distingue, da valor a las diferencias, de modo que las preferencias del amado sean para el otro modelo ideal y ley, que mis preferencias adquieran a mis ojos valor ejemplar. La fusión presiona para que estas preferencias diferentes converjan en construir una única voluntad (Alberoni, 1994, p. 41).

Es como si cada uno impusiera su estilo y modo de ser al otro sin proponérselo, al mismo tiempo que se transforma a sí mismo para agradar al compañero; ambos entran en un proceso de cambio continuo, el cual llega a ser notorio hasta para los familiares de cada uno de ellos.

Matrimonio

La relación de pareja es formalizada mediante el contrato matrimonial, con un ministro eclesiástico, un juez de paz o ambos como testigos; sin embargo, algunas parejas se unen con el solo acuerdo de sus voluntades, haciendo esta unión tan formal y duradera como la otra.

La reacción de las respectivas familias de origen ante la boda es de suma importancia, ya que por lo general deja una huella clara en el desarrollo posterior de la pareja y en la forma de trato que habrán de mantener los recién casados con los parientes políticos.

Es común una primera crisis de pareja, generada por la diferencia entre las expectativas que ambos tenían durante el noviazgo y la realidad que conlleva la convivencia marital diaria. Esta diferencia obedece a los procesos de idealización presentes durante el noviazgo. Podemos pensar que el diálogo y la buena voluntad subsanan fácilmente este escollo, pero en algunas parejas la crisis resulta difícil de superar porque las diferencias parecen muy grandes o porque la pareja tiene pocos recursos y habilidades para llegar a los acuerdos necesarios y reconfirmarse.

Concertar acuerdos es una de las tareas más complejas durante la etapa de recién casados, ya que cada uno echará mano sin mucho esfuerzo de los modelos aprendidos en su familia de origen. Posiblemente él ha aprendido que puede vociferar y manotear cuando está enojado, como lo hacía su padre, y ella ha aprendido el modelo de sus padres, quienes cuando tenían diferencias guardaban silencio para no lastimarse con reproches, de modo que el comportamiento de él es interpretado por ella como mala educación y falta de amor, y él puede interpretar el silencio de ella como desinterés para lograr acuerdos.

Actualizar los estilos de vida para armonizar la convivencia genera conflictos muchas veces. Empero, la relación adquiere poco a poco mayor armonía al favorecer la flexibilidad y permitir que ambos ajusten sus pautas transaccionales para lograr comprometerse en la creación del sistema conyugal.

Llegada de los hijos

El nacimiento del primer hijo influye fuertemente en la relación conyugal, pues requiere que ambos miembros de la pareja aprendan los nuevos papeles de padre y de madre. Como ocurrió al inicio de la relación de pareja, cada uno en forma inconsciente —es decir, sin pensarlo mucho— tratará de poner en práctica lo aprendido en la familia de origen. Empero, como estas son dos familias diferentes con costumbres y estilos muy distintos, es probable que al tratar de educar al bebé la pareja enfrente esas diferencias entre ellos, las cuales requieren nuevamente flexibilidad para poder llegar a acuerdos. "Es necesario que los cónyuges desarrollen habilidades parentales de comunicación y negociación, ya que ahora tienen la responsabilidad de cuidar a los niños, de protegerlos y socializarlos" (Ochoa de Alba, 1995, p. 25).

Los padres, tras llegar a acuerdos, deben ejercer una autoridad amorosa sobre los hijos para enseñarles las reglas de educación y comportamiento aceptados socialmente. A medida que los hijos crecen, interiorizan ese control hasta que los transforma en individuos autodeterminados.

Los hijos deben gozar de libertad para crecer, pero ejercerán mejor ese derecho si tienen un mundo seguro y predecible, que les ofrece la seguridad necesaria para explorarlo (Minuchin y Fishman, 1984).

Hijos adolescentes y adultos

La llegada de un segundo hijo provoca cambios en el sistema familiar, pues aumenta su complejidad al instaurarse un nuevo subsistema: el fraterno. El hijo mayor tiene que aprender comportamientos que le ayuden a convivir con su hermano. Los hermanos aprenden el sentido de la fraternidad y las alianzas y a ganar o perder con las coaliciones.

Cuando los hijos ingresan en la escuela, los padres tienen que aprender a negociar con el sistema escolar, que impone nuevas reglas. Deben decidir, entre otras cosas, quién ayudará a los hijos en los deberes escolares, quién los llevará a la escuela y los recogerá, quién o quiénes asistirán a las juntas, cuánto tiempo dedicarán los hijos al estudio, cómo harán las tareas: con supervisión o solos, dónde es el mejor lugar para realizar los deberes, cómo cuidarán el material escolar, a qué hora acostarse, cómo responderán ellos a las notas escolares de los hijos, cuándo hay un problema y cómo habrá de solucionarse...

Poco a poco, la familia vuelve a entrar en un periodo de estabilidad y a veces hasta de monotonía; todos han aprendido qué hacer, cómo comportarse, qué se espera de cada uno en cada lugar, y todo parece transcurrir en forma armoniosa. Sin embargo, conforme los hijos crecen y adquieren autonomía, pueden entrar en contradicción con las reglas y los valores impuestos por la jerarquía del subsistema parental.

El matrimonio que tiene hijos adolescentes debe flexibilizar las normas y delegar responsabilidades en los hijos. De esta manera, los muchachos aprenderán a tomar decisiones y asumirán la responsabilidad sobre sus asuntos. Lo idóneo es que, en la medida en que los hijos ganen autonomía, incrementen el grado de responsabilidad con el grupo familiar: pueden salir solos, pero deben avisar adónde van, con quién estarán y a qué hora esperan regresar.

La evolución familiar alcanza un punto clave en el momento en que los hijos logran ser autónomos e independientes. Están menos tiempo en casa debido a que amplían su mundo social; además, y por la misma razón, participan cada vez menos en las actividades familiares. Los padres se van acostumbrando a esta situación y, al final, asumen las repercusiones del desprendimiento de los hijos.

La crisis de la salida de los hijos del hogar familiar es más difícil para la mujer, sobre todo si ha hecho del cuidado de los hijos la tarea más importante y el sentido de su vida, a diferencia de las que trabajan, quienes la resienten menos.

Recordemos que el problema de uno de los integrantes de la pareja no sólo es percibido por el que recibe directamente la conmoción, sino que ambos la viven y experimentan en relación con la cercanía afectiva que hace de la pareja una totalidad organizada.

Es probable que durante esta etapa uno de los abuelos enviude o requiera cuidados especiales, por lo que puede solicitar el apoyo de sus hijos o estos pueden ofrecerse a cuidarlo. La situación de los abuelos provoca cambios en la familia; la resentirá la pareja y también los hijos se verán afectados, a pesar de que ya estén en la etapa del desprendimiento y salida del hogar.

Vejez y jubilación

Cuando los jóvenes se emancipan y dejan el hogar paterno, la pareja vuelve al inicio del ciclo. Ahora, sin la presencia de los hijos, han de retomar su relación conyugal. Sin embargo, para muchas parejas que ya no cuentan con el ímpetu de la juventud, dar vida nuevamente a esa relación constituye una tarea sumamente ardua, sobre todo para quienes han descuidado su propia persona, que han dejado de mirarse y atenderse durante muchos años por estar dedicados a atender y cuidar a los hijos.

Durante esta etapa, la pareja debe enfrentarse a la jubilación. El retiro laboral de uno o ambos miembros de la pareja provoca cambios en todas las rutinas, horarios, actividades y economía familiar, lo que genera una nueva crisis.

Es necesario planear cuidadosamente la jubilación y prepararse para esta etapa. Sin embargo, muchas mujeres que estuvieron dedicadas al cuidado de la familia sienten miedo de tener de tiempo completo al marido en casa. Y para los maridos que han trabajado durante toda su vida también resulta asfixiante estar todo el día en casa. Ninguno de los dos sabe disfrutar del tiempo libre, puesto que no han desarrollado aficiones ni tampoco tienen círculos sociales de compañeros jubilados con quienes compartir intereses. Situaciones a las que se enfrentan y habilidades que deben desarrollar.

En los casos de deterioro físico o psíquico por enfermedades degenerativas o crónicas en alguno de los miembros de la pareja, el otro puede ejercer el rol de cuidador, lo cual no siempre resulta fácil. En otras ocasiones, los roles se invierten: los hijos habrán de hacerse cargo de los padres ancianos. Esta última etapa es un periodo para cosechar lo sembrado. La forma de vida a que accedamos dependerá de cómo hayamos vivido en las etapas anteriores.

Resumen

El modelo de terapia familiar sistémica se desarrolla durante la década de 1950, cuando el interés de los investigadores clínicos se mueve de las variables intrapsíquicas a las variables interpersonales (Ochoa de Alda, 1995). Esta forma de ver a la familia es un nuevo paradigma que permite construir los problemas interpersonales de una forma distinta y entender la realidad familiar como una totalidad interconectada (Eguiluz, 2001).

El modo en que nos vemos a nosotros mismos, en que entendemos a los demás y al mundo en general, es construido y moldeado en el ámbito familiar. En la familia aprendemos el trato que habremos de dar a nuestra pareja y a nuestros hijos. Ahí mismo aprendemos las reglas que nos permitirán explicar el mundo como lo entendemos. Como bien afirma Richardson (1993), los puntos de vista que allí adquirimos permanecen con nosotros toda la vida, además de que "resulta sencillo, hasta cierto punto, separarse físicamente de la familia de origen, pero separarse emocionalmente de ella no es nada simple".

Bibliografía

Ackerman, N. (1982). *Diagnóstico y tratamiento de las relaciones familiares*. Buenos Aires: Hormé.

Alberoni, F. (1994). *Enamoramiento y amor*. Barcelona: Gedisa.

Andolfi, M. (1985). *Terapia familiar*. Barcelona: Paidós.

Bertalanffy, L. von (1978/1986). *Teoría general de los sistemas*. Ciudad de México: Fondo de Cultura Económica.

Carter, E. y McGoldrick, M. (1981). *The Family Life Cycle. A Framework for Family Therapy*. Nueva York: Brunner Mazel.

Carter, E. y McGoldrick, M. (1989). *The Changing Family Life Cycle*. Boston: Allyn y Bacon.

Eguiluz, L. (1998). Historia de los pioneros y las escuelas de terapia familiar en México. En Murueta y cols. *Psicología de la familia*. Ciudad de México: UNAM/Asociación Mexicana de Alternativas en Psicología.

Eguiluz, L. (2001). *La teoría sistémica. Alternativas para investigar el sistema familiar*. Ciudad de México: UNAM/Universidad Autónoma de Tlaxcala.

Lemaire, J. (1992). *La pareja humana: su vida, su muerte, su estructura*. Ciudad de México: Fondo de Cultura Económica.

Minuchin, S. (1983). *Familias y terapia familiar*. Ciudad de México: Gedisa Mexicana.

Minuchin, S. y Fishman, Ch. (1984). *Técnicas de terapia familiar*. Barcelona: Paidós.

Ochoa de Alda, I. (1995). *Enfoques en terapia familiar sistémica*. Barcelona: Herder.

Parsons, T. y Bales, R. (1955). *Family, Socialization, and Interaction Process*. Glencoe, Nueva York: Free Press.

Richardson, R. (1993). *Vivir feliz en familia. Soluciones positivas para el entorno familiar*. Barcelona: Paidós.

Sánchez, A. (1980). *Familia y sociedad*. Ciudad de México: Cuadernos de Joaquín Mortiz.

Watzlawick, P., Beavin, J. y Jackson, D. (1986). *Teoría de la comunicación humana*. Barcelona: Herder.

Watzlawick, P. y Nardone, G. (2000). *Terapia breve estratégica. Pasos hacia un cambio de percepción de la realidad*. Barcelona: Paidós.

CAPÍTULO 2

Formas y expresiones de la familia

Alba Luz Robles Mendoza

En el capítulo anterior establecimos que la familia es la forma de organización social entre los seres humanos, cuya diversidad actual está basada en sus orígenes históricos y remotos. Por otra parte, desarrollamos los conceptos y las características fundamentales para comprender su funcionamiento, los cuales constituyen y consolidan nuevas organizaciones familiares en la actualidad. Ello nos ha permitido entender el sistema familiar como un modelo heterogéneo, analizado desde el desarrollo de los miembros que lo componen.

Podemos definir el término *familia* como un conjunto organizado e interdependiente de unidades ligadas entre sí por sus reglas de comportamiento y por funciones dinámicas, en constante interacción entre sí y en intercambio permanente con el exterior (Andolfi, 1984, en Rage, 1997).

Desde esta perspectiva, la familia es un sistema total compuesto por tres subsistemas: el conyugal, el parental y el fraternal o fraterno, las unidades básicas en cualquiera de los sistemas familiares estructurados. Iniciaremos, por tanto, este capítulo con la definición de cada una de las dinámicas que integran la diversidad de sistemas familiares actuales, en cuanto a su composición por el número de elementos que comprende y a las distintas formas de estructuración.

De acuerdo con el número de elementos que la forman

Familias nucleares

El modelo estereotipado de familia tradicional, que implica la presencia de un hombre y de una mujer unidos en matrimonio, más los hijos tenidos en común, todos viviendo bajo el mismo techo, ha sido reflejo de lo entendido como *familia nuclear*. Sin embargo, actualmente podemos hablar de *familia nuclear* como la unión de dos personas que comparten un proyecto de vida en común, en el que se generan fuertes sentimientos de pertenencia a dicho grupo, hay un compromiso personal entre los miembros y son intensas las relaciones de intimidad, reciprocidad y dependencia. Inicialmente, dos adultos concretan esas intensas relaciones en los planos afectivo, sexual y relacional.

El núcleo familiar se hace más complejo cuando aparecen los hijos; en ese momento, la familia se responsabiliza en cuanto a la crianza y socialización de la progenie. En general, se espera que en ese núcleo existan dos progenitores-adultos encargados de estas funciones. Sin embargo, algunos núcleos familiares se disuelven a consecuencia de procesos de separación y divorcio, y es frecuente la unión posterior con una nueva pareja para crear una familia nuclear reconstituida; incluso, el adulto que vive con sus hijos sin la pareja establece el compromiso de educar y cuidar al menor en forma independiente y autónoma.

Dentro de la familia nuclear encontramos claramente los tres subsistemas de relaciones familiares: adulto-adulto (entre la pareja), adulto-niño (entre padres e hijos) y niño-niño (entre hermanos), cada uno con sus peculiaridades diferenciales y en conexión con los otros subsistemas.

Los elementos de protección del sistema familiar nuclear son mucho más restringidos en la actualidad, debido a la drástica reducción en el número de hijos de las familias de nuestro entorno. Esto significa, entre otras cosas, que los hijos son cada vez menos consecuencia de la imprevisión y el azar y más del deseo y la premeditación. Si bien, no podemos asegurar que los padres contemporáneos quieran más a los hijos que los de antes, parece cierto que la convivencia y las buenas relaciones entre padres e hijos se prolongan considerablemente más que hace algunas décadas.

No podemos olvidar otros factores que influyen para consolidar este tipo de relación: la reducción del número de hijos (que les proporciona más tiempo de calidad), la mayor preparación de los padres en cuanto a la educación y el desarrollo de la progenie, la influencia de los medios de comunicación sobre el desarrollo integral de la familia, el incremento de estilos de vida familiar más igualitarios y participativos y la menor recurrencia de actitudes y comportamientos rígidos, autoritarios y segregacionistas, entre otros elementos, permiten una estructuración familiar sólida y permanente.

Familias extensas

Las familias extensas están constituidas por la troncal o múltiple (la de los padres y la de los hijos en convivencia), más la colateral.

Este tipo de familia se presenta debido a factores como los sistemas de herencia y sucesión (por ejemplo, en ciertas cláusulas testamentarias se establece en la herencia de los bienes la condición, si muere uno de los progenitores, de cuidar al que quede solo; o bien, compartir los bienes inmuebles entre los hermanos e hijos) y el nivel de pobreza de las familias que albergan a los hijos casados.

Diversos estudios han mostrado que la familia extensa desempeña un importante papel como red social de apoyo familiar (Lasch, 1970). La convivencia diaria con la familia de origen (abuelos) o parientes establece redes de alianza y apoyo principalmente para los padres que trabajan lejos por largo tiempo o para los hijos que inician una familia a corta edad. Está comprobado que, a menor nivel socioeconómico familiar, más se establecen redes de relación con familiares y parientes (Rodrigo y Palacios, 1998). Esto hace que vivan muy cerca entre sí o bajo el mismo techo y que se influyan entre sí las ideologías y los valores de cada uno de sus miembros, en especial en la educación de los menores de edad que viven en ella. La presencia de otras figuras de cuidado diferentes de la madre o padre biológicos también desarrolla en el menor una pluralidad de ideologías que puede confundirlo al intentar marcar los límites y adoptar los roles familiares que tendría que mantener.

Por otro lado, es importante la emancipación de los jóvenes en las familias extensas, ya que los jóvenes adultos no abandonan el hogar si no es por razones laborales o de matrimonio. La crisis laboral y la política de vivienda en nuestro país han hecho que la permanencia de los hijos en el domicilio familiar sea más prolongada, aunque actúen con respeto y autonomía dentro de ella. En general, a mayor nivel escolar de los jóvenes, menor riesgo de que contraigan matrimonio o establezcan vida en pareja.

En las familias extensas, los abuelos llegan a desempeñar un papel muy importante. Es común que los padres encuentren en ellos una alternativa de cuidado y educación para los hijos pequeños durante las horas en que trabajan fuera de casa. Este apoyo resulta crucial cuando las circunstancias familiares son más difíciles (por ejemplo, en la maternidad adolescente). El apoyo familiar es importante no solo para los padres que necesitan la ayuda de los abuelos, sino también para los abuelos que la requieren de los hijos cuando la enfermedad o la soledad constituyen una amenaza.

Las familias extensas pueden formarse también cuando las nucleares se separan o divorcian. Los hijos de estos rompimientos buscan en los abuelos, tíos u otros familiares apoyo psicológico para su estabilización familiar.

La familia, de acuerdo con la clasificación aceptada generalmente, experimenta importantes cambios evolutivos por los propios procesos de desarrollo de sus miembros, los cambios de sus relaciones y los acontecimientos ocurridos en la vida de cada uno.

La dinámica evolutiva familiar (o ciclos de vida) concierne a tres planos distintos y mutuamente relacionados: el de las relaciones entre los padres, el de la configuración familiar y el de la evolución de los hijos. Estos ciclos se desarrollarán con mayor amplitud en cada uno de los siguientes capítulos; sin embargo, también ocurren cambios en la dinámica familiar de acuerdo con su modo de constitución, pues debido a los acontecimientos y situaciones particulares que la familia experimenta surgen nuevas formas de relaciones entre sus miembros. Es importante, así, desglosar cada una de esas formas de constitución.

De acuerdo con la forma de constitución

Familias de padres divorciados

Hasta hace poco, el divorcio era considerado un problema aislado y silencioso. Las personas divorciadas tenían temor de ser juzgadas no solo por la propia familia sino también por toda la sociedad. Afortunadamente, en la actualidad el divorcio ya no es visto como una falla o fracaso y es estimado como una solución creativa de un problema, que tiene como objetivo facilitar a los miembros de la pareja insatisfecha y en conflicto la búsqueda de salud mental fuera del matrimonio.

Las causas de divorcio en diversas culturas, de acuerdo con los estudiosos del tema, son múltiples. Algunas están vinculadas con la madurez emocional de la pareja y otras dependen de la relación entre los cónyuges y el funcionamiento o la adecuación (o ambos factores) del uno con el otro.

Bowen (1978) sostiene que, conforme a la teoría sistémica de la familia, cuatro tipos de relaciones maritales pueden originar un rompimiento conyugal (Urdaneta, 1994):

1. Uno de los esposos puede asumir una posición dominante y el otro quedarse con un papel más adaptable. A veces, tal patrón de interacción funciona bien. Sin embargo, un nivel alto de ansiedad entre ambos puede provocar que el cónyuge del rol adaptable sea ineficaz y el dominante empiece a distanciarse de forma física o emotiva (o de ambas maneras).

2. Ambos asumen posiciones dominantes, por lo que surge constantemente ansiedad entre ellos y puede llevarlos a la separación física de forma agresiva.
3. Los dos pueden asumir posiciones adaptativas en la relación que les impidan solucionar los conflictos entre ellos. En algunos casos, esos matrimonios están caracterizados por permanecer mucho tiempo juntos, pero sus relaciones personales son sumamente conflictivas, pues no llegan a resoluciones eficaces.
4. Hay una distancia emocional significativa entre ambos esposos y un "sobreinvolucramiento" de uno de ellos con los hijos.

Por otra parte, Bohanna (1973, en Ehrlinch, 1989) menciona seis etapas relacionadas con el proceso de divorcio, las cuales pueden ocurrir en secuencias e intensidades diferentes:

Divorcio emocional: comienza cuando los esposos toman conciencia de su sentimiento de inconformidad e insatisfacción. Esto implica tanto la renuncia a la relación como la adquisición de una forma de luto o muerte de la relación.

Divorcio legal: en esto hay la facultad de intentar el matrimonio otra vez o de confirmar objetivamente la separación.

Divorcio económico: está relacionado con las propiedades adquiridas juntos para formar el matrimonio. Se llama unidad de régimen matrimonial y, en algunos casos, las propiedades se dividen de acuerdo con la sociedad conyugal que eligieron al casarse.

Divorcio comunitario: en el momento del matrimonio, la pareja entra en un nuevo sistema comunitario, cuyo cambio viven como una experiencia de crecimiento. Con el divorcio, este crecimiento es perdido, igual que las relaciones comunitarias establecidas. Tendrán que hacer nuevas amistades o buscar las perdidas al casarse.

Divorcio coparental: este término hace referencia a la relación de un progenitor con el otro. En esta etapa, el progenitor no custodio debe renunciar a influir en el tipo de educación y de conducta que el otro inculque a los hijos.

Separación de la dependencia emocional: esta última etapa es la más difícil, ya que implica la autonomía de quienes antes formaban una pareja. Conlleva asimismo la separación de uno respecto a la personalidad e influencia del otro.

Cuando el divorcio está consumado, la situación ejerce una fuerte influencia sobre los hijos y sus consecuencias están determinadas por la edad y el sexo de estos. Aunque varios estudios indican que los hijos de divorciados tienen mayor riesgo de daño psicológico que los de familias integradas, no debemos olvidar que esto depende de que tales familias funcionen de manera integral y no solo residan en un mismo lugar, pero discutiendo continuamente (Urdaneta, 1994).

Familias reconstituidas

Con cierta frecuencia, tras la separación o el divorcio, los progenitores vuelven a formar pareja con otros para iniciar una nueva convivencia, con vínculo matrimonial o sin él. Estas familias, en las que al menos un miembro de la pareja proviene de una unión anterior, reciben el nombre de *reconstituidas*.

La constitución de una familia como resultado de segundas, terceras, cuartas o posteriores nupcias tiene en la actualidad una enorme importancia. Hace años, solo las personas viudas podían casarse de nuevo, pues el divorcio era mal visto y rechazado socialmente. En la actualidad, los segundos matrimonios son más complicados porque implican a más familias. Las formadas por segundas o siguientes nupcias se integran generalmente con un antecedente de fracaso o pérdida; el dolor es una de las principales emociones. La sensación de vulnerabilidad, miedo y falta de confianza es difícil de manejar. McGoldrich y Cartes (1988) señalan las cuatro razones por las que las personas vuelvan a casarse (Sanger y Kelly, 1987):

1. Tanto las presiones sociales como las necesidades individuales conducen a las personas a volver a casarse. Esta presión es ejercida en particular sobre la madre, ya que se acepta socialmente que el niño requiere dos padres para crecer y desarrollarse de manera sana.
2. Las personas divorciadas o viudas suelen sentirse con frecuencia incómodas en compañía de amigos casados.
3. Es creencia común que las divorciadas o viudas no pueden sostener solas una casa y afrontar la responsabilidad de los hijos.
4. Las necesidades de afecto, compañía adulta e intimidad sexual llevan a buscar un nuevo compañero o compañera matrimonial.

Asimismo, mayores problemas dificultan la integración de una nueva familia; entre ellos, la rigidez en los límites para crear una familia nuclear y, por tanto, hacer a un lado a uno de los padres biológicos. La liga emocional entre estos y los hijos compite en ocasiones con los nuevos padres o hijastros, como si las relaciones estuvieran en el mismo nivel. También ocurre el caso de pérdida de los roles tradicionales; por ejemplo, la madre se encarga de los hijos y no requiere a la hija para ello. En los nuevos matrimonios, tanto padres como hijos cambian de roles, de estatus y de situaciones de un día para otro sin ningún proceso.

La formación de una familia en segundas nupcias precisa conceptuar y planear el nuevo matrimonio con base en modelos conceptuales distintos, dada la cantidad de relaciones familiares por negociar simultáneamente. También debe incluir las relaciones de la familia extensa y con ella, ya que estas son consideradas vitales para estabilizar el sistema.

El ciclo de la vida familiar continúa su desarrollo luego de establecer las fronteras, las alianzas, los sentimientos necesarios y el esclarecimiento funcional de la nueva condición.

Es deplorable que algunos utilicen a los nuevos hijos para descalificar a uno o ambos progenitores. El puente de unión con los hijos no ha de utilizarse, por ningún concepto, para la desvinculación parental o la desprotección de personas, situaciones o valores. Es frecuente que al principio surja el temor de que los nuevos hijos provoquen el abandono de los anteriores, quienes comúnmente son más protegidos y retenidos como si fueran más pequeños. La superación de estos temores, en general reforzados por cierta distorsión de la educación familiar y social, permite el crecimiento sano y el distanciamiento conveniente de los hijos de acuerdo con su edad.

Familias monoparentales

La primera forma de familia monoparental resulta cuando la pareja decide no seguir viviendo junta y separarse o divorciarse. El padre custodio de los hijos se relaciona del todo con ellos y desarrolla barreras y refuerzos familiares para separarse del exterior. Algunos padres o madres se relacionan con sus hijos como si no necesitaran ningún otro vínculo afectivo y recurren a la fortaleza de su efecto y la grandiosidad de su persona frente a tal hecho, pero esto puede coartar tanto las posibilidades de crecimiento personal como de toda la familia. Una característica frecuente de estas familias aparece en la etapa de la sexualidad y la independencia emocional, cuando los hijos toman los roles de la pareja ausente y "hacen pareja" con el progenitor presente, como forma de protección y apoyo. Es necesario que los padres establezcan desde el inicio reglas claras sobre la libertad sexual y el rol de cada uno en la familia.

Es importante propiciar que los hijos mantengan contacto con el progenitor que no tiene la custodia. No olvidemos que los padres son figuras significativas en su vida y la relación frecuente con ambos reduce la sensación de pérdida y la ansiedad de la separación, al tiempo que les permite seguir ejerciendo el papel de figuras de apego, de las que pueden aprender y compartir experiencias y afectos. La clave no está simplemente en que vean al progenitor separado, sino en que convivan en realidad con él o ella, manteniendo el interés y la responsabilidad en su relación. En el periodo posterior a la separación, muchos padres desarrollan prácticas educativas en extremo indulgentes y permisivas, a fin de que los encuentros sean felices en lo posible, aunque están presionados por el poco tiempo de que disponen para estar con sus hijos y alentados por el interés de compensar los malos momentos que todos viven o vivieron. Sin embargo, poco a poco desarrollan un papel de responsabilidad y de demostración de afectos para facilitar mayor comunicación entre ellos o, por el contrario, se distancian cada vez más de sus hijos, espacian los encuentros y reducen el tiempo de contacto, lo cual origina que la familia monoparental del progenitor custodio se consolide con mayor fuerza.

Una segunda forma de familia monoparental es aquella en la cual ha habido duelo por la muerte de la pareja. Esta no termina cuando el amor del otro acaba o el cónyuge desaparece, sino que cursa todo un proceso. La muerte, como fenómeno universal, es opuesta a la vida y de manera implícita lo es a la salud; generalmente, está relacionada con un evento catastrófico, aun cuando hay condiciones excepcionales que la disculpan o la hacen más comprensible. Los padres que conservan la custodia de los hijos tras la muerte de uno de los progenitores afrontan cierta sobrecarga de tensiones, responsabilidades y tareas. Si a esto añadimos el desajuste emocional ligado a la propia separación de la pareja por la muerte, podremos encontrar dificultades mayores en el control del comportamiento de los hijos y una escasa sistematización en el acatamiento de reglas y límites. Asimismo, estas alteraciones combinan el propio proceso de dolor que viven los hijos y exacerban los trastornos familiares, lo cual dificulta la ayuda mutua.

Afortunadamente, las alteraciones disminuyen a medida que el padre o la madre reorganizan sus metas en la vida y se adaptan a la nueva situación; en ocasiones, son un modelo de afrontamiento para los hijos, a quienes demandan la corresponsabilidad en el funcionamiento de la familia.

Por último, ciertas familias monoparentales implican la función de ser padre o madre solteros. La sociedad siempre ha criticado este tipo de constitución familiar; la discriminación jurídica de los hijos extramatrimoniales y las sanciones a las madres o padres en cuanto a su imagen social son ejemplos de estas censuras sociales. En nuestros días, la consolidación de este tipo de familia monoparental ha podido insertarse sin la existencia de estas limitaciones y ocurre con mayor frecuencia que en décadas anteriores. La difusión de medidas asistenciales para la crianza de los hijos (guarderías y centros de asistencia infantil), el trabajo de los movimientos feministas en pro de los derechos de las mujeres a la libertad sexual y de reproducción y las modificaciones de los derechos de la niñez, entre otros factores, han permitido que la presencia de la familia con un solo padre sea reivindicada y respetada como cualquier otra. Los datos actuales (Sanger y Kelly, 1987) indican que la mujer de escasos recursos económicos y base de la familia monoparental está ascendiendo notablemente en nuestra sociedad. Sin embargo, la socialización de los hijos representa un problema en este tipo de hogares, pues el papel del padre está poco regulado e implica recurrir a las redes familiares y sociales en compensación de la ausencia de algún progenitor.

Familias adoptivas

La familia adoptiva está basada en la falta de vínculo biológico entre padres e hijos. Las características de este tipo de familia son diversas, tanto por los motivos que llevan a la adopción como por las características de quienes adoptan y de quienes son adoptados, así como por la dinámica de relaciones que se establecen en su interior. Resulta fácil imaginar que una familia que adopta a una recién nacida enfrenta circunstancias muy distintas de las correspondientes a la que adopta a dos hermanos o a la que adopta a un niño de ocho años que ha pasado gran parte de su vida en instituciones para menores.

En otra época, solo podían adoptarse recién nacidos o muy pequeños que hubieran nacido en el propio país; sin embargo, la diversidad actual de estos trámites permite mayor frecuencia en la adopción de niños mayores o nacidos en otros países, la simultánea de varios hermanos (llamada adopción múltiple), la de niños con necesidades educativas especiales, etcétera. Empero, esta diversidad está relacionada no solo con el tipo de niños o niñas que se adoptan, sino también con las personas que realizan la adopción; por ejemplo, los padres adoptivos pueden ser de diversas edades, diferentes niveles socioeconómicos y hasta de estados civiles distintos. La decisión de adoptar es un proceso complejo que, según las estadísticas, tiene mayor frecuencia en mujeres que en hombres (Rodrigo y Palacios, 1998). Esto refleja la motivación que pone en marcha el proceso. Algunos autores mencionan dos tipos de adopción: la *tradicional*, en la que la pareja no puede tener un hijo propio y busca entonces uno adoptivo; y la *preferencial*, en parejas para las que la adopción es una opción independiente de su fertilidad.

En la adopción de un menor, la paternidad y la maternidad adoptivas son un tanto difíciles; por un lado, están la adaptación mutua y el ajuste en el hogar y de la vida familiar a las características de la niña o niño; y, por otro lado, su manejo por parte de los miembros de esta.

Otros retos específicos que las familias adoptivas deben enfrentar son la reconfiguración de la familia una vez que llega el hijo adoptado y, muy especialmente, el desarrollo de un sentimiento de pertenencia; otro sería cómo comunicar al niño su condición adoptiva y, finalmente, la percepción que de sí misma tenga la familia como semejante o diversa de las demás familias.

Algunos estudios señalan que la dinámica familiar en este tipo de sistema tiende a la *lenidad* o blandura educativa y a dinámicas de relación sumamente afectuosas y comunicativas. La edad de los padres en el momento de la adopción parece desempeñar un papel importante (menos comunicación, menos expresión de afecto y técnicas disciplinarias más específicas cuanta más edad tengan). El alto riesgo de pobre relación o estabilización familiares está asociado con la historia previa de conflictos graves del menor o los padres, la institucionalización prolongada o la presencia de problemas de comportamiento, entre otros. Estos factores tienden a correlacionarse con la edad del niño o niña en el momento de su adopción, de tal manera que cuanto mayor sea el niño, mayor riesgo habrá de que tenga una historia larga de conflictos que influyan en su nueva dinámica familiar.

Familias homosexuales

La ampliación reciente del ciclo familiar con base en diferentes etnias, familias monoparentales, divorcio y rematrimonio propicia la posibilidad de apertura hacia la vida familiar de la mujer o el hombre homosexual. Por su expansión, la homosexualidad tiende a establecerse en algunos núcleos de la sociedad y ello requiere soluciones de los conflictos psicológicos y sociales que plantea el concepto de familia homosexual como distinta de la tradicional.

Los distintos enfoques (Rodrigo y Palacios, 1998) utilizados para definir la homosexualidad han generado a lo largo de los años diversos problemas semánticos, interpretativos y de valoración, tanto en los campos especializados como en la información que deriva de estos para formar el criterio y la opinión populares. Con base en el punto de vista operacional, la homosexualidad es la atracción preferencial hacia los miembros del mismo sexo.

Las investigaciones reportan dos principales factores en el desarrollo de esta preferencia sexual: los patrones de conducta infantil y la homosexualidad en el adulto. Dado que en la mayoría de los casos el hijo está abiertamente despegado de los padres, estos desempeñan un papel determinante en la homosexualidad de aquel.

Los homosexuales viven en forma ambivalente, pues buscan las relaciones por sí solos, pero tratan de gratificar sus necesidades emocionales en relaciones parcas, defensivas, limitantes y de uno a uno. Las relaciones de parejas homosexuales funcionan habitualmente con base en expectativas no realistas, debido a su posesividad. Con gran frecuencia se caracterizan por demandas excesivas; en la mayoría de los casos, los participantes están envueltos en vínculos emocionales turbulentos y dañinos, según consta en la práctica clínica. Tales uniones evidencian gran exaltación inicial, que remite a pensar en un gran amor, en el cual aparecen pronto angustia, coraje y depresión, ya que sus expectativas mágicas resultan inevitablemente frustradas.

Las familias homosexuales tienden a iniciar sus relaciones en un lugar gay, donde pueden desplegar sin limitación sus conductas y emociones. Normalmente, sus amigos son homosexuales también o apoyan este tipo de relación. Los conflictos más importantes entre ellos se centran, al parecer, en las finanzas y en los vínculos con los familiares que no apoyan tal relación.

Muchos de los que han aceptado estilos de vida diferentes de la heterosexualidad no tienen hijos ni desean tenerlos. Empero, cierto grupo de homosexuales inicia su familia homosexual después de casarse, y ya con descendencia; y otro grupo asume su derecho a vivir la experiencia de reproducción pese a su orientación sexual.

Sussman y Steinmetz (1988) mencionan que el número de familias homosexuales con hijos aumenta mediante el proceso de adopción, producto de segundas nupcias. Gran cantidad de mujeres manifiesta homosexualidad luego de iniciar su vida sexual activa en el matrimonio. Sus rasgos principales incluyen culpa excesiva, soledad, mayores actitudes masculinas en cuanto a responsabilidad total por los hijos del primer matrimonio y compatibilidad de sentimientos con las mujeres que necesitan apoyo emocional debido al fracaso o dolor de su primera unión.

No hay evidencias de que el desarrollo de un hijo de padres homosexuales esté comprometido significativamente con esa tendencia desde el principio solo por su origen, pese a lo que pueda inferirse. Pocos estudios han desarrollado la conducta infantil en este ámbito; sin embargo, es importante mencionar que los primeros elementos del aprendizaje en los menores provienen de sus estructuras familiares y que es fundamental que estas estén conformadas y sistematizadas de acuerdo con funciones y relaciones armónicas entre sus miembros.

Conclusiones

Las formas y expresiones desglosadas en este capítulo respecto al sistema familiar nos permiten reconocer los diversos contextos en que se expresa el desarrollo humano. Desde la perspectiva sistémica, la familia es una institución social en que las relaciones establecidas entre los miembros (menores, adolescentes, jóvenes, adultos o ancianos) posibilitan desarrollar habilidades, valores, actitudes y conductas que, en una atmósfera de cariño, apoyo, implicaciones emocionales y compromiso mutuo, permiten la integración y funcionalidad de los seres humanos.

Bibliografía

Ehrlinch, M. (1989). *Los esposos, las esposas y sus hijos*. Ciudad de México: Trillas.

Lasch, Ch. (1970). *Refugio en un mundo despiadado*. Barcelona: Gedisa.

Parke, R. (1986). *El papel del padre*. Madrid: Ediciones Morata.

Rage, E. (1997). *Ciclo vital de la pareja y la familia*. Ciudad de México: Plaza y Valdés/uia.

Rodrigo, M. y Palacios, J. (1998). *Familia y desarrollo humano*. España: Alianza Editorial.

Sanger, S. y Kelly, J. (1987). *La madre que trabaja*. Ciudad de México: Paidós.

Souza, M. (1996). *Dinámica y evolución de la vida en pareja*. Ciudad de México: El Manual Moderno.

Sussman, M. y Steinmetz, S. (1988). *Handbook of Marriage and the Family*. Nueva York: Plenum Press.

Urdaneta, Y. (1994). *Los hijos del divorcio*. Caracas: Disinlimed.

CAPÍTULO 3

Comunicación y familia

José Carlos Rosales Pérez

En este capítulo abordamos el estudio de la comunicación como un proceso, pero a la vez como un sistema que conlleva a una mejor comprensión de la familia. Por ello, más que situar un estudio minucioso de la comunicación, nuestra intención es establecer una aproximación accesible para comprender la comunicación en el ámbito familiar.

Comunicación: conceptos clave y definición

Una de las características definitorias del ser humano es su capacidad y necesidad de comunicarse, por lo que adentrarnos en el conocimiento de la comunicación es compenetrar en el estudio del ser humano. Empero, esencialmente, ¿en qué consiste la comunicación?

De acuerdo con Swihart (1985, citado en Stinnett, N., 1991), la comunicación es un proceso mediante el cual entendemos a los otros y buscamos ser entendidos por ellos. Así, mediante la comunicación podemos lograr respeto, empatía o una íntima relación, igual que desprecio, separación y contienda.

El aspecto central de la comunicación se encuentra en los significados que construimos y compartimos. Con base en lo que Bartlet establecía en 1932 acerca de la continua significación en el ser humano, resulta normal entender que el ser humano vive siempre comunicándose. En todo tiempo y espacio donde se encuentre recurrirá a la construcción de significados para entender y ubicar su relación consigo mismo y con los otros.

Otro aspecto que define la comunicación corresponde a la organización de sus componentes, ya que la comunicación es un proceso que se comporta como un sistema. Ya señalamos que el ser humano se comunica a lo largo de toda su vida. Empero, para comunicarse, requiere otro u otros, al menos en sus manifestaciones físicas, además de una forma o medio desarrollado socialmente para comunicarse. Al darse la comunicación por medio de la interacción social, los componentes que la comprenden (el que interpreta, el que da lugar a la interpretación y los medios empleados) interaccionan dinámicamente. Además, los componentes se organizan de manera jerárquica en el sentido de la construcción interactiva del significado. Es evidente que la ausencia de uno de los componentes afecta de modo inevitable el proceso.

Si bien, formalmente se puede hablar de la comunicación con uno mismo, aun en este caso la misma persona incorpora todos los elementos del proceso comunicativo. Además, la comunicación tiene como finalidad atender la necesidad del ser humano de comprender mediante la construcción de significados. Esto resulta útil para entenderla como un sistema, ya que observa el comportamiento esencial inherente a este: interacción dinámica entre sus componentes, organización jerárquica de estos, interdependencia entre ellos para el funcionamiento del sistema y una finalidad; más propiamente, como un sistema abierto, dado que mantiene un intercambio continuo con los sistemas y subsistemas circundantes. De tal modo, el sistema comunicacional se vincula con el familiar, el laboral y el social, en general.

Un aspecto más que distingue a la comunicación atañe a la diversidad de medios implicados en el proceso. Entender la comunicación solo a través del intercambio verbal es limitar el concepto, pues la comunicación no se restringe a este tipo de episodios. Es decir, una porción significativa de la comunicación se desarrolla a partir de interacciones no verbales. Incluso se ha planteado que algunas veces el cuerpo se comunica por sí mismo no solo por las formas en que se mueve o las posturas que adopta, sino también por la distribución de los rasgos faciales. Al respecto, Birdwhistell estima que el aspecto físico muchas veces concuerda con las pautas culturales, de modo que el aspecto físico general está formado de acuerdo con las formas de interacción establecidas y reconocidas como aceptables (Davis, 1998).

No obstante, no podemos negar que el lenguaje verbal es el medio con que se construye la comunicación, el cual abarca de la representación hablada hacia el campo no verbal, conductual y cognitivo, consciente e inconsciente, como ya lo ha señalado Maturana (1980), utilizando diversos lenguajes, como el kinestésico, el gestual, el proxémico, el corporal y, desde luego, el verbal. Por ello, aun cuando el lenguaje verbal no es el único medio de comunicación, es factible entender que los límites del campo de la comunicación están estrechamente vinculados con los del lenguaje. Como lo expresó Wittgenstein en su *Tractatus Logicus Philosophicus*, "de lo que no se puede hablar mejor es callarse", y posteriormente en sus *Investigaciones filosóficas*: "los límites del mundo son los límites del lenguaje".

Fritz Mauthner[2] declaró: "Si Aristóteles hubiera hablado chino o dacota, habría llegado a un sistema lógico enteramente diverso". Es decir, habría aprendido a pensar de manera distinta, lo cual lo habría llevado a significaciones diferentes. Dado que el lenguaje es una construcción cultural, entonces al hablar de diversos lenguajes verbales nos referimos a diferentes construcciones sociales, a distintos usos y extensiones del lenguaje. Marshall McLuhan (1979) ejemplifica esta posibilidad al establecer que "el medio es el mensaje"; es decir, el medio siempre se identifica con el mensaje, dado el carácter simbólico que une al emisor y al receptor en la intencionalidad del mensaje. En este sentido, en las sociedades donde la publicidad desempeña un papel significativo en el desarrollo social, la extensión del lenguaje se sitúa en los medios, de tal forma que no importa sensiblemente lo que se comunica sino la manera (los recursos) empleada al hacerlo.

Sin embargo, el lenguaje es solo uno de los elementos constitutivos de la comunicación. A final de cuentas, lo más importante del proceso comunicacional en el ser humano es su finalidad de atender la necesidad de compartir: lo que piensa, lo que cree, lo que espera, lo que necesita, lo que vive, lo que es. Y aunque siempre haremos referencia al menos a un lenguaje, la comunicación se constituye esencialmente a partir de la generación de significados, es decir, de interpretaciones que tienen lugar por vía de las interacciones, planteadas en la paradoja de la imposibilidad de reconocer directamente la experiencia del otro o de los otros y, por supuesto, de transmitir la propia experiencia. Recurrimos así, por tanto, a la construcción de la experiencia interpretativa, mediante la cual cada uno construirá sus propias significaciones, en la alternativa de construirlas solos o en compañía y, si es en compañía, con la posibilidad de alcanzar una de las metas más importantes de la comunicación: compartir para afirmarnos, para reconocernos o simplemente para recibir lo que se necesitamos a lo largo de toda la vida: afecto y amor.

Resulta muy ilustrativo el estudio reportado por René Spitz: el emperador Federico II, interesado en descubrir el lenguaje original del hombre, hizo criar a un grupo de niños por nodrizas cuya tarea sería solo cuidar de ellos, pero sin dirigirles la palabra. La lógica del estudio era que, ante la

---

[2] Citado en Peter Burke, 1996, pp. 16-17.

ausencia de un lenguaje del cual aprendiesen, los niños tendrían que hablar espontáneamente el original del hombre (hebreo, griego, latín, etcétera). El resultado fue que todos los niños murieron antes de poder hablar. Podemos deducir, ergo, que los niños no murieron por la falta de habla sino por todo lo que se asocia a esta: reconocimiento, atención, afecto y amor.

La significación no es un proceso innato en el ser humano. Aprendemos a elaborar significados, a interpretar mensajes, a comunicarnos. Aprendemos también a prestar atención a algo en una interacción. Harry Stack Sullivan (1953)[3] señalaba que esta atención selectiva en la comunicación respondía a la necesidad de evitar situaciones generadoras de ansiedad, percibiendo señales consistentes con información aceptada con anterioridad y rechazando todo aquello que pudiera resultar contradictorio a lo aceptado de forma cotidiana; sin embargo, construimos socialmente la atención diferencial por medio de las claves que proporciona la cultura para reconocer los aspectos relevantes del proceso de comunicación con base en la intermediación de reglas, creencias, tradiciones y tabúes. Por ejemplo, en la cultura anglosajona destacan la importancia de la programación del tiempo para las citas de trabajo, en tanto que en la latinoamericana remarcamos la relevancia del uso del tiempo para socializar. En el primer caso, atienden al uso programado del tiempo y es señal de descortesía no cuidar el cumplimiento del tiempo. En el segundo caso, atendemos a la atención personal mediante la plática o el intercambio de experiencias, y será señal de descortesía no dedicar tiempo a la otra persona, por lo que el tiempo no será lo más importante (Hall, 1990). En ambos casos, comunicamos atención y deferencia; sin embargo, estaremos atendiendo a diferentes señales que, de no considerarse en un trato intercultural, pueden conducir a serios problemas de comunicación.

Por tanto, uno de los aspectos esenciales en la construcción de significados corresponde a la elaboración de signos y símbolos. Los signos simbolizan la presencia o ausencia de objetos o situaciones que identificamos socialmente con aspectos que requieren atención. En la elaboración de significados, los signos implican las señales que delimitan el proceso comunicacional. Varios ejemplos de signos son el tono de voz, la forma de mirar, la cercanía al hablar o la topografía de la acción.

Los símbolos, por su parte, corresponden a objetos, situaciones o condiciones no presentes o tangibles en el proceso, pero que involucran la co-

[3] Citado en Sieburg, 1985, p. 50.

municación; de ahí que en cierto sentido toda comunicación sea simbólica, ya que al construir la significación procedemos a simbolizar o conceptuar, constituyendo así el concepto en el elemento de comunicación.

Al interpretar un signo como un símbolo, procedemos a elaborar significados que no corresponden al momento y desarrollo del proceso, lo que resulta en una derivación no deseada en la comunicación. Por ejemplo, si el esposo dice a la compañera que el vestido le queda apretado, ella interpreta las palabras como un signo de desaprobación a su persona y surge la discusión, pese a que quizá estas simbolizaban la propuesta de que ella usara el vestido que más le gusta.

Los signos y los símbolos corresponden a los aspectos que dirigen la elaboración de significados en la comunicación. Empero, también es necesario considerar las señales que contextualizan el proceso, en cuyo caso hablaremos de metacomunicación y de metamensajes.

La *metacomunicación* en general hace referencia a todo mensaje acerca de la comunicación (Ruesch y Bateson, 1951). Dado que los procesos comunicativos en los humanos tienden a efectuarse por medio de la contextualización, el entendimiento de los metamensajes es esencial para comprender los procesos comunicativos. El *metamensaje* dirige la interpretación del episodio comunicativo. Por ejemplo, cuando hablamos de algo, pero indicamos que no lo tomen muy en serio; en las situaciones cómicas, el mensaje es contextualizado de tal forma que causa hilaridad;[4] en el caso de las interacciones familiares, cuando un padre llega del trabajo y saluda con voz apenas audible, se dirige inmediatamente a su lugar de descanso y comenta que quiere cenar, el mensaje puede ser que no está en disposición de hablar con alguien y que quiere que lo dejen solo, pero el metamensaje es que quiere estar solo, mas quiere ser atendido, que le presten atención. El metamensaje dependerá siempre de la construcción social de significados elaborada hasta ese momento en ese espacio familiar.

Sería desafortunado generar significaciones sin considerar el metamensaje implicado. Como en el caso del padre de familia que, dado el mensaje, supongamos que no quiere estar cerca de alguien y que la esposa, por tanto, diga a los hijos que vayan a su cuarto, ella misma vaya a su habitación y diga al esposo que la cena está en el horno y que la caliente cuando quiera cenar.

---

[4] Ello explica por qué las bromas o chistes deben entenderse de acuerdo con la cultura a fin de que causen hilaridad, ya que los metamensajes implicados son desconocidos para quienes no pertenecen a la cultura de referencia.

Seguramente surgiría un episodio de enojo por la dificultad de no responder adecuadamente a la comunicación del padre.

De acuerdo con Watzlawick (1993), la congruencia entre el mensaje y el metamensaje está relacionada directamente con los problemas de comunicación familiar. Así, en una relación familiar saludable, la comunicación se mueve a través de la espontaneidad y los aspectos relacionados de manera directa con las experiencias vividas. De esa forma, los metamensajes están implicados directamente con los mensajes en la acción comunicativa, lo que lleva al mínimo las malas interpretaciones. Por el contrario, en una relación no saludable, la diferencia entre los mensajes y los metamensajes constituye lo cotidiano, de manera que la interacción comunicativa ha sido distorsionada al punto de convertirse en un aspecto cada vez menos importante.

Cuando la diferencia entre los mensajes y los metamensajes se vuelve la norma más que la excepción en la interacción comunicativa, la tendencia es a desarrollar estructuras patológicas, de las cuales Watzlawick y Jackson (1993) ha particularizado tres:

1. *Tangencialización.* En esta relación comunicativa, la persona A emite un mensaje a B; aun cuando B identifica el requerimiento de comunicación por parte de A, descuida el contenido del mensaje y la finalidad de A, lo que arroja una respuesta tangencial. Por ejemplo, la esposa pregunta al marido, que acaba de llegar del trabajo, si le gusta su nuevo arreglo personal (puesto que se tiñó el cabello), pero él le reclama por haber incurrido en gastos innecesarios; esta es una respuesta tangencial.

2. *Mixtificación.* En esta estructura comunicacional, la divergencia aparece entre la declaración de uno y las percepciones, sentimientos e intenciones del otro. Aquí, la divergencia ocurre por la diferencia entre lo que observamos y lo que comunicamos que está pasando. El caso típico es cuando un padre evidencia molestia, enojo, pero les dice a los hijos que no pasa nada, que todo está bien.

3. *Paradoja.* En esta estructura, en el contenido del mensaje está la contradicción, de manera que un mensaje significa tanto la afirmación como la negación de este. Bateson, en su teoría del doble vínculo, utilizó esta estructura para referenciar esta desviación del proceso comunicacional. Un ejemplo de este caso sería cuando los padres exigen al hijo que se defienda ante la agresión y no permita los abusos, pero al mismo tiempo le prohíben lastimar o agredir a otros, situación que lo conduce a la única respuesta posible: obedecer desobedeciendo.

En resumen, la comunicación puede ser entendida como un sistema cuyas partes constitutivas interaccionan y, por tanto, se afectan mutuamente a través del proceso de construcción de significados. En tal sistema está inmerso todo ser humano, aun cuando no tenga la intención de comunicar, ya que es proporcionado mediante el aprendizaje que genera la cultura.

Por todo ello, la comunicación no necesariamente es intencional y consciente ni necesariamente verbal o clara. La comunicación es un proceso mucho más complejo que simplemente emitir y recibir mensajes. La comunicación como sistema se dirige a la necesidad humana de compartir experiencias a partir de un complejo proceso de elaboración de significados con los otros que constituyen el entorno social. Como diría Watzlawick (1981), "toda conducta es comunicación, por lo que resulta imposible dejar de comunicarse". Podemos afirmar, entonces, que ninguna aproximación al reconocimiento de lo que es la familia sería completa sin la incorporación del estudio de los procesos de comunicación que la caracterizan y sostienen sus formas de relación.

Principios del estudio de la comunicación en la familia desde la perspectiva sistémica

La pregunta es, entonces, ¿cómo entender los procesos de comunicación en la familia? Gregory Bateson (1929) y su equipo de trabajo desarrollaron una propuesta como resultado de sus estudios acerca de la cultura iatmul en Nueva Guinea, específicamente la ceremonia del Naven. Bateson encontró que la dinámica de la armonía y el equilibrio social podía centrarse en la interacción, específicamente en lo que denominó *diferenciación*.

Con el modelo de la diferenciación fue posible entender los cambios sucedidos en la interacción: cuando en en el proceso se produce el incremento de diferencia entre los participantes, en una secuencia de A hacia B, hacia C y nuevamente hacia A (en el caso de tres participantes), se denomina *círculo regenerativo*. Una discusión que conduce a una pelea es ejemplo de este. En cambio, cuando la interacción ocurre en una diferenciación negativa, es decir, a un incremento en A sigue un decremento en B, este proceso recibió la denominación de *círculo degenerativo*. Es el caso de una discusión que lleva a la conciliación, pues uno de los dos participantes respondió con tranquilidad a las agresiones del otro. La importancia de esta aproximación al estudio de la comunicación humana es que proporcionó un apoyo teórico al campo interaccional para entender los procesos comunicativos.

El diseño teórico de este campo interaccional se presentó en la obra que Bateson publicó en colaboración con Jürgen Ruesch en 1951, *Comunicación: la matriz social de la psiquiatría*. En ese texto propusieron "introducir a los científicos del comportamiento en la organización conceptual de los sistemas causales circulares" (Bateson y Ruesch, 1951).

Bebchuk, Ruesch y Bateson establecen siete aspectos centrales para la investigación y desarrollo de la teoría sistémica. y, por tanto, para el estudio de la comunicación humana:

1. *Contexto y aprendizaje.* El hombre es una criatura que aprende y lo que aprende ocurre en un contexto.
2. *Contenido y relación.* Toda relación tiene un aspecto dual: un informe o enunciado y una orden o mandato.
3. *Puntuación.* Lo que define una relación depende de la interpretación que los individuos hagan de los hechos que ellos mismos contribuyen a generar.
4. *Codificación digital y analógica.* Una relación puede establecerse a través de la continuidad entre el signo y lo que este representa (analógicamente) o por la diferenciación entre lo que se nombra y lo nombrado para expresar lo que no es la relación (digitalmente).
5. *Simetría y complementariedad.* Toda relación puede plantear tanto conflicto como armonía: conflicto (simetría), cuando los propósitos se orientan hacia una confrontación por corresponder al mismo requerimiento; armonía (complementariedad), cuando los propósitos se orientan hacia la cooperación y la comprensión mutuas.
6. *La teoría de los tipos lógicos y la paradoja.* Cuando en la relación predominan las paradojas lógicas, se produce una patología de la lógica.
7. *Percepción de la diferencia.* La percepción de las diferencias en los hechos se vincula con los cambios de la relación entre este y aquellos.

La aportación más significativa. de este texto fue la definición de los aspectos que permitirían avanzar en la comprensión de la comunicación como sistema social.

Posteriormente, Bateson orientó sus investigaciones hacia la esquizofrenia, con lo cual propuso algo hasta ese momento inconcebible: abordar el estudio de una patología de comportamiento considerada anormal y carente de significado como mensajes engarzados en secuencias dentro de un contexto específico, es decir, como una patología de comportamiento situada en un contexto de significación específico. Así, la esquizofrenia podía ser entendida como un tipo de comunicación que respondía al aprendizaje derivado de la experiencia. En palabras de Sieburg: "El organismo solo puede aprender lo que le enseñan las circunstancias de su vivir y las experiencias de intercambiar mensajes con quienes lo rodean. No puede aprender al azar sino solo a ser semejante o desemejante de los que lo rodean" (Sieburg, 1985, p. 19).

Lo anterior llevó a asegurar que la esquizofrenia no es problema de una persona sino reflejo del estado de un sistema familiar, que en todo caso podría identificarse como "un sistema familiar esquizofrénico", ya que la comprensión de todo proceso humano no puede alcanzarse con aislar y analizar componentes, sino por medio de la descripción instrumental de las pautas significativas recurrentes (Weakland, 1976).

Para comprender los episodios esquizofrénicos, Bateson y su equipo desarrollaron la *teoría del doble vínculo*, a partir de la cual el esquizofrénico era una "víctima" unida a una "vinculadora": su madre. El proceso consistía en la repetición de experiencias, en la que la "víctima" aprendía a percibir su mundo relacional en forma de pautas de doble vínculo, es decir, en relaciones en las cuales la percepción del contexto y el contenido eran paradójicas y llevan a la víctima al punto de que cualquier pauta de la secuencia era suficiente para precipitarlo en cólera o pánico. Aun cuando inicialmente se suponía que esta circunstancia aparecía exclusivamente en la díada de la madre con el hijo, luego fue evidente que el doble vínculo era recíproco y que los mensajes paradójicos eran habituales en la comunicación de las familias con esquizofrénicos y que, por tanto, el doble vínculo podía ser infligido por una combinación de padre, madre o parientes (o una combinación de ellos) con el hijo.

Asimismo, con el apoyo de la *teoría de los juegos* de Van Neumann, Bateson concluyó que la familia del esquizofrénico no formaba coaliciones estables ni llegaba a decisiones de grupo, produciendo lo que él denominó "una danza interminable de coaliciones cambiantes" (1958).

El estudio de la esquizofrenia bajo esta aproximación condujo a entender que la comunicación es un sistema constituido en la dinámica familiar con derivación directa a la patología del comportamiento.

Otra aportación importante al estudio de la comunicación y su vinculación con el ámbito familiar proviene de los estudios efectuados por uno de los integrantes del equipo de Bateson, el austriaco Paul Watzlawick. Entre sus principales aportaciones está haber situado las bases analíticas para el estudio sistémico de la comunicación, en las que estableció, primero, la separación de los procesos mentales como aspectos significativos para ser estimados en el estudio de la comunicación. Esto desarrolla el concepto de lo mental como "caja negra", sin recurrir a supuestos intrapsíquicos que serían imposibles de verificar desde esta postura, para concretarse en el estudio de las relaciones observables, algo muy parecido a lo que ocurrió en la psicología con el conductismo (Valerio Ugazio).

Después, Watzlawick destacó la importancia de considerar para el estudio de la comunicación el presente más que el pasado y el futuro, en el supuesto de que la información recuperada a través de la memoria no sea confiable, ya que recurrimos a ella para cubrir aspectos que no son accesibles a la observación. Para ello recurrió al principio de equifinalidad de los sistemas, según el cual los resultados finales no dependen de las condiciones iniciales en los sistemas abiertos, por lo que llegó a la conclusión de que lo más conveniente es buscar la configuración en *el aquí y ahora*. Además, estableció la necesidad de colocar al observador fuera del sistema observado, para reducir lo más posible la interacción entre ambos sistemas.

Según esta aproximación, se consideraba que la mejor forma para estudiar la comunicación en la familia era separar al terapeuta del proceso. Así, equipos de observadores trabajaban separados de las familias por medio de un cristal de una sola vista; de tiempo en tiempo, los terapeutas que se encontraban con la familia deliberaban con el equipo de observación y recibían las observaciones pertinentes mientras la familia en tratamiento era mantenida aparte.

Este proceso buscaba una sola explicación válida, por lo que las explicaciones convergentes debían ser corregidas a través de una síntesis en la que las diferencias eran eliminadas.

Pero el trabajo de Goolishian (1960) con adolescentes conflictivos provenientes de familias con escasos recursos evidenció la dificultad para conciliar las diferentes ópticas de los terapeutas implicados en la observación de un caso, pues en la terapia cada miembro del equipo describía al mismo paciente con una familia diferente, una dinámica familiar distinta, una etiología diversa, una definición diferente del problema o una estrategia distinta. Bajo esta premisa se formuló una nueva estrategia, en la que un terapeuta funcionaba como consultor regular cuando consideraba que había un clima de intensa emocionalidad, mediante la formación de pequeños grupos, cada uno con un terapeuta diferente y centralizando la información, recibiendo comunicaciones telefónicas u observando detrás del espejo cuando el proceso de terapia no resultaba efectivo.

Sin embargo, esta primera aproximación sistémica al estudio y tratamiento de las patologías comportamentales en las familias, que tenía como eje el estudio de la comunicación, permitió la superación reflexiva de las limitaciones observadas y con ello avanzó en el estudio de la comunicación. Esta primera etapa fue denominada *cibernética de primer orden* o *cibernética de los sistemas observados*.

Con la *cibernética de segundo orden*, que implica la superación de las limitaciones observadas en la anterior, se concluye:

1. No existe un lugar desde el cual el observador tenga un acceso de privilegio a la verdad.
2. Las observaciones alteran el sistema observado y el sistema observador hasta el punto de anular la esperanza de previsión.
3. No existe una sola verdad para entender los procesos de comunicación que derivan en patologías, ya que esta es interconstruida con la participación de todos los miembros de la familia, incluyendo ahora al terapeuta o los terapeutas.

Finalmente, debemos señalar que, a partir del desarrollo de la aproximación sistémica hacia el estudio y comprensión de la comunicación, han surgido cinco propuestas que permiten ubicar el acercamiento a este importante aspecto del comportamiento humano, sobre todo desde el ámbito familiar:

1. Toda conducta es comunicación, por lo que resulta imposible dejar de comunicarse.
2. La comunicación tiene dos aspectos: uno referido al contenido y otro referente a la relación. Toda comunicación implica un compromiso y, por ende, define la relación; esto significa que la comunicación no solo transmite información (contenido del mensaje), sino al mismo tiempo impone conductas (relación entre comunicadores) que señalan cómo debe entenderse el mensaje.
3. La comunicación puede ser entendida como una secuencia ininterrumpida de intercambios. La puntuación de una secuencia comunicacional es arbitraria y está decidida por alguno de los comunicantes, quien podrá argumentar: "yo te dije esto y tú me contestaste aquello". Sin embargo, el otro personaje que ha intervenido en la comunicación puede tener una versión diferente de la secuencia, hace una puntuación distinta y pone como estímulo lo que el otro consideraba la respuesta. Ello implica

nuevamente un reconocimiento arbitrario del orden de las secuencias y, por tanto, de los tiempos en que se establece el proceso. La falta de acuerdo en la manera de puntuar la secuencia de hechos ocasiona incontables conflictos en las relaciones humanas.

4. La comunicación es tanto digital como analógica, es decir, tanto verbal como no verbal. La comunicación verbal trata con el contenido/reporte del mensaje; y la comunicación no verbal, con el aspecto relación/mando. Es fácil comprender que un proceso comunicacional nunca es solo verbal, ya que siempre va acompañado de lenguajes no verbales que es necesario incorporar en la generación de significados.

5. Los intercambios comunicacionales pueden ser simétricos (iguales y paralelos, donde ambos pueden dirigir) o complementarios (donde uno dirige y el otro sigue); pueden describirse como relaciones basadas en la igualdad o en la diferencia. En el primer caso, los participantes tratan de igualar el comportamiento del otro, sean debilidades o fuerzas, maldades o bondades. Por ejemplo, si uno de los miembros de la pareja se deprime, el otro podrá deprimirse más al observar la depresión de su cónyuge. En las relaciones complementarias, pareciera que cuando uno hace más de algo, el otro hace menos de eso mismo. Por ejemplo, uno ocupa la posición superior o de mando, mientras que la pareja ocupa la inferior o de subordinación; si el marido es muy sociable y amistoso, su mujer, en comparación, es poco platicadora y hasta puede parecer hosca.

Comunicación y familia: problemas y alternativas

Hasta este punto se ha planteado que el estudio de la comunicación corresponde al estudio de los procesos humanos de interacción, por lo que el primero debe ser considerado el aspecto central para estudiar y comprender la dinámica familiar.

Es en la familia donde se establecen las bases del sistema de comunicación y en ella debe centrarse la atención para dar el primer paso hacia la prevención y tratamiento de los principales problemas de salud, tanto psicológica como social, que nos aquejan. De hecho, la experiencia clínica con matrimonios y familias señala claramente que la mayoría de los problemas que viven sus miembros son debidos a los procesos de comunicación instaurados como patrones, que no son capaces de responder a las necesidades del grupo o que los conducen a situaciones patológicas.

¿Cuáles son los principales problemas derivados de la comunicación que se encuentran en las familias? Podríamos citar como el primero el relativo a la comunicación establecida mediante el contacto físico, ya que es el primer espacio vital de interacción entre los bebés y los padres, entre las parejas y entre los hermanos.

Es sabido, desde años atrás (Spitz, 1945), que los infantes privados de contacto físico enfrentan serias dificultades para su desarrollo y aun para satisfacer sus necesidades básicas. Sabemos ahora que tocarse es fundamental para la salud y el desarrollo. Está comprobado que las personas insuficientemente tocadas (acariciadas) pueden desarrollar alergias, eczemas o problemas del habla (Pearson, 1989).

Sin embargo, sabemos también que existen diversas demandas en cuanto a la necesidad de contacto. El estudio de Anderson (1987) evidenció que hay personas orientadas a evitar el contacto y que generalmente se asocian a sentimientos negativos y a ser menos abiertas a la comunicación. Por tanto, la mejor forma de establecer la comunicación saludable en el ámbito familiar es el contacto físico. Los abrazos, los besos, los toques ocasionales con cariño, tomarse de la mano o del brazo cuando se efectúa un paseo son expresiones saludables de comunicación y dinámica familiar.

El contacto físico está ligado a otro aspecto no verbal de la comunicación que en la actualidad es conocido con mayor amplitud: la violencia familiar.

En Estados Unidos, por ejemplo, alrededor de 50% de los primeros matrimonios terminan en separación y el divorcio es común en los primeros cuatro años de matrimonio (Norton y Miller, 1992); una de las principales causas de divorcio es la violencia, generalmente del esposo hacia la esposa. En 1992, Mc Laughin, Leonar y Senckack encontraron que 36% de las parejas informaron de al menos una agresión del esposo hacia la esposa.

Resulta llamativo que estos estudios concluyan en que la agresión es un problema más importante que la comunicación, cuando también O'Leary, Quiegly y Leonard (1996) reportan que la agresión física en los matrimonios está asociada al decaimiento de la satisfacción marital.

En otras palabras, la agresión se presentaba cuando el grado de desacuerdo entre la pareja (expresado por alguno o ambos) llegaba al punto de recurrir a la violencia como respuesta (*círculo regenerativo*), la cual probablemente había sido aprendida en el seno familiar. Heyman, Leony y Jouruiles (1995) encontraron que las esposas que experimentaron agresión antes de casarse se inclinaron al divorcio en mayor proporción que las parejas que no vivieron esta condición de violencia. Muy probablemente las estrategias de comunicación desarrolladas en estos casos, desde el seno familiar original, hayan influido en forma determinante en los problemas de violencia.

Otro aspecto importante es la *valoración*, expresada por medio de los comportamientos cotidianos. Es común la idea de que los esposos no son cariñosos con sus cónyuges porque no les dicen que las aman. Sin embargo, aunque esto es importante, lo es más la congruencia entre los aspectos analógico y digital, en un continuo de valoración tanto entre los esposos como entre los padres e hijos y entre hermanos. Si tal valoración no es proporcionada, sobre todo por quienes son significativamente importantes, el individuo podrá experimentar reacciones psicológicas negativas, como soledad y sensación de aislamiento (Bell y González, 1988), además de propiciar el distanciamiento y la confusión en cuanto a su papel en el ámbito familiar (confusión entre el mensaje y el metamensaje).

Diversos problemas emocionales de naturaleza más seria también están asociados con dificultades en los procesos de comunicación. Tal es el caso de los estudios que han relacionado la comunicación disfuncional con desórdenes esquizofrénicos en los hijos (Blakar, 1981).

Respecto a las relaciones de pareja en las familias, también resulta una correspondencia interesante entre los problemas de relación y la falta de comunicación, o de problemas en los estilos de comunicación.

En las parejas es más evidente que un proceso de comunicación que lleve a desarrollar una puntuación en la que ambos interaccionen en los tiempos y condiciones que más se ajusten a las necesidades de los dos, guardando la relación de simetría y asimetría según los acuerdos establecidos, conlleva a la peculiar situación de entender los sentimientos, pensamientos y deseos del otro, lo cual facilita a la pareja responder mejor a las crisis de desarrollo conjunto, en beneficio de su propio mantenimiento (Indvik y Fitzpatrick, 1982). Las familias saludables se caracterizan, entonces, por desarrollar modelos adecuados de comunicación. Los miembros de estas familias comparten muchas actividades y se dan tiempo para comunicarse mientras juegan o trabajan juntos.

De acuerdo con Stinmet (1994), en la comunicación establecida en la familia pueden operar dos propósitos. El primero se caracteriza por la siguiente tríada: *a)* yo te valoro; *b)* quiero que tú me valores, y *c)* quiero compartir estos sentimientos y pensamientos contigo. El segundo se caracteriza por la siguiente propuesta: *a)* yo quiero dañarte, y *b)* yo quiero controlar la situación.

En ambas, a consecuencia de la interacción, se desarrollan formas de comunicación que tienden a sostener esquemas que llevarán a una mejor o deficiente interacción comunicativa, incluso con intercambios entre ambos procesos. Por ejemplo, uno de los miembros de la familia desarrolla su proceso de comunicación buscando dañar al otro, pero solo en respuesta a no haber recibido el mensaje de "yo te valoro".

López-Navarro (2000) define el proceso mediante el cual el sistema funciona deficientemente como mala comunicación. En esta, de acuerdo con dicho autor, las personas utilizan sistemas inapropiados de interacción en los que no expresan sentimientos y están basados en altos niveles de coraje, por sentimientos que no han sido expresados en el momento y en la forma correcta. En estos procesos de comunicación, uno "lanza piedras" para dañar al otro, como el silencio, la honestidad brusca, los recuerdos de eventos negativos o dolorosos, las referencias negativas a familiares, burlas acerca de áreas sensibles o debilidades personales, e insultos.

En este círculo generativo de violencia, lo ideal es tomar el control racionalmente, controlando primero la emocionalidad y luego la situación, transfiriendo el peso específico de la agresión a la consideración de la persona violenta.

Una de las principales situaciones que llevan a la mala comunicación es precisamente la ausencia de comunicación. El problema no radica en que no haya momentos dedicados a la comunicación, sino a la forma como se comunica, los estilos de comunicación difieren y los metamensajes son distintos. Las pequeñas frustraciones acumuladas dan lugar finalmente a una gran frustración. El amor, como menciona Tannen (1991), no excluye la frustración respecto al otro. Al parecer, cuanto más tiempo la pareja comparte la vida, mayor oportunidad tiene para observar el comportamiento del otro y desaprobarlo, en especial cuando todo lo que hacen afecta aspectos personales del otro.

Una circunstancia muy común en todo proceso de mala comunicación es la *sismogénesis complementaria*, en la cual la pareja responde con estilos de comunicación enteramente opuestos, que además mantienen el proceso. Esto intensifica la conducta ofensiva de uno hacia el otro; lo paradójico es que ninguno tiene la intención de dañarse mutuamente al inicio. En este sentido, cuando los estilos de comunicación difieren, tratar de esforzarse por mejorar las cosas en general significa continuar haciendo lo mismo y empeorarlas.

De acuerdo con Tannen, esta diferencia surge en especial entre la pareja debido a las formas distintas que culturalmente se desarrollan para establecer las formas de comunicación entre el hombre y la mujer. Por ejemplo, las mujeres tienden a ser indirectas e intentar llegar a un acuerdo por medio de la negociación, es decir, tienden a usar más los metamensajes. Por ello, las mujeres ponen más atención que los hombres a los metamensajes, en tanto que los hombres buscan la comunicación directa y no se ocupan mucho de los metamensajes.

Ante la circunstancia que conduce a la diferencia entre los estilos de comunicación, Tannen propone el desarrollo de nuevas formas de comunicación entre la pareja en las que hablen acerca de los metamensajes, aprendan a retroceder ante las reacciones emocionales y generen un estilo de comunicación en el cual ambos contribuyan al conocimiento y crecimiento de la relación.

Para finalizar, citaremos tres tipos de conducta que pueden ayudar en el proceso de comunicación familiar.

- *Desarrollar conductas provisionales*, es decir, conductas que abran los procesos de comunicación con declaraciones tales como "¿qué piensas acerca de...?", "yo no estoy seguro, pero...", o "permíteme considerar todas las opciones, antes de decidir".
- *Desarrollar conductas orientadas al problema*, es decir, conductas enfocadas a la solución del problema.
- *Espontaneidad en el comportamiento*, es decir, estrategias tendientes hacia la honestidad más que hacia el control o la manipulación.

En general, la búsqueda de una relación interpersonal positiva implica establecer sistemas de comunicación positivos.

Sin duda, la familia es y puede seguir siendo la base del desarrollo social si todos tratamos de mejorar nuestros procesos comunicacionales y con ello propiciar las potencialidades positivas de interacción, con base en el compromiso, para desarrollar sistemas de comunicación éticos que conlleven a compartir realmente la aprobación, el conocimiento personal y el amor.

Bibliografía

Anderson, H. y Goolishian, H. (1990). Understanding the Therapeutic Process: from Individuals and Families to Systems in Language. En Kaslow, F., *Voices in family psychology*. Newberry Park: Sage Publications.

Bartlet, F. (1988). *Pensamiento: un estudio de psicología experimental y social.* Madrid: Debate.

Bateson, G. (1958). *Naven*. Nueva York: Stanford University Press.

Bebchuk, J. (1994). *La conversación terapéutica*. Buenos Aires: Planeta.

Burke, P. (1996). *Hablar y callar: funciones sociales del lenguaje a través de la historia*. Ciudad de México: Gedisa.

Davis, F. (1998). *El lenguaje de los gestos*. Buenos Aires: Emecé Editores.

Gullotta, T.P., Adams, G.R. y Alexander, S.J. (1986). T*oday's Marriages and Families*. Monterey, CA: Brooks/Cole.

Hall, T. (1990). *El lenguaje silencioso*. Ciudad de México: Alianza Editorial.

Kourner, N. y Jacobson, M. (1999). *Journal of Consulting and Clinical Psychology*, 67(3), 340–351.

López-Navarro, E. (2000). *El arte de la mala comunicación*. Ciudad de México: Trillas.

Maturana, H.R. (1980). Biology of Cognition. En Maturana, H.R. y Varela, F. (comps.), *Autopoesis and Cognition*. Boston: Reidel.

Medina, C. (1995). Estudio de la familia: nuevas direcciones de investigación psicosocial. *Familia*, 1(1).

Ruesch, J. y Bateson, G. (1965). *Comunicación. La matriz social de la psiquiatría*. Buenos Aires: Paidós.

Sieburg, E. (1985). *Family Communication: An Integrated Systems Approach*. Nueva York: Gardner Press Inc.

Steier, F. (1996). Hacia un enfoque constructivista radical y ecológico de la comunicación familiar. En Packman M. *Construcciones de la experiencia humana*. Barcelona: Gedisa.

Stinnett, N. y Walters, J. (1991). *Relationships in Marriage and the Family*. Nueva York: McMillan Publishing Company.

Taner, B. (1991). *¡Yo no quise decir eso!* Ciudad de México: Paidós.

Watzlawick, P., Beavin, J. y Jackson, D. (1993). *Teoría de la comunicación humana*. Barcelona: Herder.

Winkin, Y. (1994). *La nueva comunicación*. Barcelona: Kairós.

Wittgenstein, L. (1992). *Tractatus Logicus Filosophicus*. Ciudad de México: Alianza.

Capítulo 4

La familia y sus creencias: relaciones y significados

Alexis Ibarra Martínez

¿Cómo llega la familia a tener determinadas creencias? ¿De dónde salen estas y qué papel desempeñan en nuestras vidas? Para responder estas interrogantes, me parece importante ubicar lo que llamamos *familia* y *creencias* en un paisaje más amplio: el de las relaciones y los significados. Nacemos y vivimos en relación con otros y de ahí surge el mundo de los significados, es decir, nuestras formas de conocer y actuar en el mundo, todo lo que consideramos importante, valioso o bueno. Desde esta perspectiva, es posible hablar de la familia como una comunidad de significados, como un grupo de personas que hablan de sí mismas en términos de *nosotros*, que generan y comparten un conjunto de historias de "lo que quiere decir familia para nosotros".

Yo-nosotros

Se trata de algo más que pronombres personales. Cuando alguien dice "yo" habla de una forma en que se separa, aunque sea momentáneamente, de los demás. Cuando alguien dice "nosotros" se vuelve parte de una red de relaciones, de una comunidad.

A lo largo de la vida, el individuo entra en distintas comunidades y sale de ellas: amigos, pareja, colegas, clase social, religión u otras. Si la persona siente que comparte algo con ese grupo, que piensa o actúa en forma parecida a los otros, es probable que hable en términos de nosotros: "nosotros los ancianos", "nosotras las mujeres", "nosotros como familia". En otros momentos, esa persona puede vivirse como alguien separado de los demás y decir: "yo creo", "yo hago" o "yo siento". Las personas transitan constantemente de un yo separado a un yo conectado con otros.

En este capítulo abordaremos lo que pasa antes de que dos personas aisladas entre sí puedan llegar a decir "nosotros". Estas dos personas participan en una relación para construir una comunidad, es decir, un territorio común de ideas, creencias e historias compartidas.

Relaciones

La idea de relaciones estará presente a lo largo de todo este capítulo porque esa idea nos llevará a entender a la familia. Desde esta postura, las relaciones que ocurren en espacios "pequeños" como la pareja o la familia están estrechamente vinculadas con las relaciones que ocurren en espacios "grandes", como la cultura y la sociedad. Por eso es útil pensar en términos de redes: las relaciones "pequeñas" o "grandes" están entrelazadas, son inseparables, todas forman parte de una misma red.

En esas redes, las personas hacen cosas juntas, construyen. Si todas las relaciones tienen esta característica, será posible afirmar que las personas dan forma a sus vidas conjuntamente (Shotter, 1993b).

Este proceso puede compararse con dos personas que aprenden a bailar en pareja. Para bailar juntas, necesitan coordinar sus movimientos; cada una tiene que acoplarse o adaptarse al ritmo de la otra y los pasos que cada quien ejecuta son una respuesta a los pasos del compañero.

Algunos teóricos describen en forma similar las relaciones interpersonales; usan términos como *acción conjunta* (Shotter, 1993a, 1993b) y *coordinación* (Gergen, 1994) para referirse a los procesos que ocurren entre dos personas. Cualquier tipo de relación (hermanos, pareja, vecinos, compañeros de trabajo) puede ser descrita a partir de la idea de coordinación o de acción conjunta.

Quienes participan en cada uno de estos espacios aprendieron –o están aprendiendo– a hacer algo a la par con el otro.

Relaciones y lenguaje

Sería difícil iniciar una relación sin el lenguaje,[5] sin un intercambio de palabras. Luego entonces, podemos afirmar que lenguaje y acción conjunta van

---

[5] Desde esta postura, el lenguaje no solo abarca la parte verbal, también incluye todos los elementos no verbales que acompañan esta palabra: tono de voz, gestos, acciones, etcétera.

de la mano. Si no usamos el lenguaje, no podremos entrar en relación. Sin embargo, las palabras aisladas no tienen ningún significado; solo adquieren sentido a partir de su uso en las relaciones interpersonales (Gergen, 1994).

Para ilustrar esta idea podemos pensar en dos personas que hablan distintos idiomas: una español y otra chino. Frases como "te quiero", "estoy triste" o "pásame la sal" no tienen ningún sentido porque la persona que habla chino no puede responder a ellas. Esto es una forma de decir que las palabras de un individuo no poseen significado por sí solas. Solo hasta que alguien contesta "yo también te quiero", "¡anímate!" o "aquí está la sal" hay una respuesta que nos permite generar una relación, al mismo tiempo que otorgamos significado a dichas palabras.

La idea anterior nos sitúa en un punto en que el significado de una palabra no puede aislarse de la relación en que esta se expresa y de la respuesta que el otro da. Una misma expresión puede adquirir muchos significados en función del contexto en que aparece: "si nos encontramos en la calle y te extiendo mi mano, la acción se volverá candidata a tomar significado. Si tomas mi mano en la tuya, le darás el significado de un saludo. Si me jalas hacia ti y me das un fuerte abrazo, me mostrarás que un apretón de manos es insuficiente para nuestra amistad. Si ves mi mano e inmediatamente volteas hacia otro lado, sugerirás que no tengo derecho a llamarme tu amigo" (Gergen, 1999, p. 145).

Este proceso es denominado *suplementación* (Gergen, 1994): lo que un individuo hace o dice permanece incompleto en tanto no haya una respuesta de otro individuo que lo complemente.

Al complementar un individuo las palabras de otro, amplía o disminuye el rango de significados que puede adoptar la expresión inicial. En el momento en que la persona abraza a quien estiró la mano, abre las posibilidades de generar una relación de amistad, y quizá reduce la única posibilidad de crear una relación de conflicto. Las relaciones pueden ser descritas en términos de una cadena infinita de expresión-suplemento; mientras estamos en relación permanecemos respondiendo a los otros y generando significados para nuestras acciones en forma conjunta (Gergen, 1994; Shotter, 1993a, 1993b).

A medida que las relaciones avanzan, conformamos pautas relativamente estables de acción-complemento. Si bien, hay un amplio rango de respuestas posibles para una acción como estirar la mano o sonreír, tal rango no es infinito: respondemos a una sonrisa con otra sonrisa o diciendo "hola", pero no responderíamos tirándonos al suelo.

Podemos describir esta pauta como una historia de relaciones. La participación de un individuo en una relación está parcialmente condicionada por esa historia. Por eso resulta inconcebible o ilógico pensar en tirarse al suelo ante una sonrisa, porque hay intercambios pasados que han cerrado la posibilidad de responder en esa forma.

Para entrar en relación, los individuos recurren a la gama de recursos que la historia relacional ofrece. No es posible expresar o generar amor, odio, amistad o solidaridad sin recurrir a las palabras, gestos, acciones o rituales de relaciones anteriores.

Hablar de historia relacional no implica seguir reglas fijas, invariables, sino recurrir a un conjunto de circunstancias compartidas que permiten que nuestras acciones y expresiones adquieran sentido para los otros (Shotter, 1993b). Los individuos generan y mantienen estas circunstancias dentro de sus relaciones.

Una nueva relación involucra el encuentro de dos historias relacionales diferentes; cada individuo recurre a la gama de recursos que su pasado le ofrece para expresarse, pero ninguno puede predecir la respuesta del otro. En ese sentido, cada encuentro relacional genera significados únicos.

Si mientras permanecemos en relación surge la posibilidad de generar significados, entonces estos podrán cambiar y transformarse. Una sonrisa dentro de una relación puede ser tratada como alegría en un momento, como hipocresía en otro y luego, quizá como agresión. La expresión es la misma, una sonrisa, sin embargo, toma formas distintas de acuerdo con la respuesta del que suplementa.

El resultado de todos estos intercambios es un conjunto de comprensiones compartidas que nos permiten vivir y convivir; en palabras de Gergen (1999), estas comprensiones abarcan todo lo que consideramos "lo real" y "lo bueno". Las *acciones*, las emociones, las creencias, las tradiciones y los valores pueden entenderse desde este enfoque; todas ellas nacen y se construyen dentro de una historia de relaciones. Dicho de otra forma, no es posible separar lo que hacemos, sentimos o creemos de nuestras relaciones.

Comunidades de significado

Ahora describiremos el proceso mediante el cual dos o más personas pueden llegar a hablar en términos de "nosotros". A partir del constante intercambio interpersonal, las personas generan un conjunto de circunstancias o un territorio de significados, que involucra acciones, ideas y creencias compartidas: para poder llamar a esto un "nosotros".

Aunque una persona puede participar en distintos grupos, no necesariamente vive en todos esos grupos como si fueran una comunidad. Para que esto suceda, es necesario un sentido de pertenencia. Con esa idea, cualquier red de relaciones puede considerarse una comunidad: pareja, familia, amigos, vecindario, escuela, nación, etcétera, siempre y cuando sus miembros sientan que son parte de ella.

En todos estos espacios relacionales, las personas han creado un terreno común y formas de ver el mundo y de actuar en él que les permiten relacionarse. El otro extremo, en el cual dos personas tienen ideas y visiones opuestas, puede ilustrar mejor esta idea: "Si tu mundo está compuesto de ángeles, espíritus divinos y poderes malignos, y el mío está compuesto de neuronas, sinapsis y endorfinas, nuestras ontologías mutuamente exclusivas harán que sea difícil comunicarnos" (Gergen, 1999, p. 81).

Pensar en las personas en términos de su pertenencia a una comunidad tiene implicaciones importantes. Este punto de vista permite describir a un ser humano a partir de lo que comparte, o no comparte, con otras relaciones. Todo lo que llamamos características individuales (sentimientos, valores, personalidad) puede entenderse desde esta noción relacional.

Lo anterior no implica que una persona sea simplemente un ser pasivo producto de fuerzas mayores, como su cultura. Si recordamos que estar en comunidad implica acción conjunta, entonces todos los individuos tendrán un papel activo e intencional, es decir, tendrán la posibilidad de transformarse a sí mismos y sus relaciones.

Para Shotter (19936), ello es lo que permite lograr un sentido de comunidad; en sus palabras, se trata de un "sentido de pertenencia", un "sentirse en casa": "Para vivir en una comunidad que uno siente como propia, tanto 'mía' como 'tuya', algo que es 'nuestro', no 'de ellos', el individuo debe ser más que un reproductor responsable de esta. El individuo debe jugar una parte importante en el sostenimiento creativo de la comunidad..." (Shotter, 1993b, p. 163).

Así, una comunidad es un lugar donde "todo mundo puede tener voz" y en la que todo mundo puede "jugar una parte en la formación y la transformación de sus vidas" (Shotter, 1993b).

Las comunidades, en tanto redes relacionales, no tienen fronteras claras y limitadas; no hay un punto claro en que pueda identificarse el principio o el fin de una comunidad porque los individuos permanecen entrando en distintas relaciones y saliendo de ellas.

Dado que cada nueva relación se construye con el fondo de una historia relacional pasada y está ligada a una red de relaciones actuales, cada individuo pertenece a, y participa en, distintas comunidades simultáneamente. "Podemos considerar a las personas como la intersección de múltiples relaciones, manifestaciones locales e inmediatas de historias relacionales... Cualquier persona que se mueve en distintas relaciones con miembros de la familia, amigos, amantes, colegas, maestros, se convertirá en la expresión de estos modos de ser diferentes..." (McNamee y Gergen, 1999, p. 22).

Los significados que una persona comparte con otras dentro de una comunidad determinada pueden no ser compartidos al ingresar en otra comunidad; ideas como la religión, el amor, la justicia pueden ser valiosas para un grupo, pero para otro son irrelevantes, poco éticas o inexistentes. Por ello, cada intercambio relacional es una oportunidad tanto para el conflicto (dado que visiones del mundo diferentes pueden entrar en choque), como para la fusión o la coordinación de significados: "Así, cualquier intercambio discursivo traerá consigo sentidos múltiples de qué es bueno y qué es real; dentro de cada matriz de relaciones se funden múltiples vocabularios (McNamee y Gergen, 1999, p. 23).

La familia como comunidad de significados

Estas ideas sobre las relaciones y el lenguaje nos sitúan en un marco particular para pensar acerca de la familia y sus creencias. Una familia es una de las formas que puede tomar una comunidad relacional. ¿Qué implicaciones tiene hablar de la familia de esta forma?

Para responder esta pregunta, recurriremos al estudio que Jorgenson (1996) realizó con parejas de recién casados.

"¿Qué personas son parte de tu familia?" Al escuchar las respuestas a la cuestión, encontró que cada miembro de la pareja elegía a personas muy distintas: algunos incluían solo a sus parientes de "sangre" y eliminaban de la lista a sus parientes políticos; algunos pensaban únicamente en las personas con quienes vivían; otros incluían solamente a personas vivas, mientras que otros incluían a sus antepasados, aunque estuvieran muertos. Incluso hubo personas que eliminaban de su lista a personas como su mamá o su papá, y otros que pensaban en amigos o vecinos como parte de su familia. Las razones que daban los entrevistados para sus elecciones variaban enormemente. Para algunos, familia significaba vivir en la misma casa, para otros estar emparentado, algunos relacionaron familia con afecto, y otros con apoyo mutuo.

Ciertos aspectos llamaron la atención de Jorgenson: uno de ellos es que los entrevistados no se limitaban a hacer una lista de personas, sino que la acompañaban con las razones de su decisión, expresadas en forma de relatos que narraban las experiencias por las cuales llegaron a considerar a alguien como de la familia.

Otro aspecto resaltado por Jorgenson es que los criterios generalmente usados por "expertos" para definir qué es una familia no coinciden con los que una persona común y corriente usa para decidir quién es parte de ella.

Esta investigación coincide con otros estudios que resaltan la diferencia entre las descripciones de la familia hechas desde afuera y las que hacen los miembros de una familia desde dentro (Benkov, 1995). Si retomamos las perspectivas que se originan dentro de la familia, resultará posible hablar de manera distinta de la familia y sus creencias.

Desde adentro, ser familia implica más que cumplir una lista de requisitos externos: implica una persona que se siente parte de un grupo. Pero esto no basta; asimismo es necesario que haya otros que también "lo sientan" parte de ese grupo. Se trata de un sentir compartido. Así, podemos decir que una familia es construida cuando un grupo de personas han establecido en forma conjunta que "somos una familia".

Desde afuera, podemos decir: "Juan no tiene familia porque sus padres están divorciados", "los Fernández no son familia porque viven en unión libre", "los Valdez tampoco, porque cada uno vive en una ciudad distinta", "Marta y Jorge no son familia porque no tienen hijos". Sin embargo, Juan, Marta y Jorge, los Fernández y los Valdez pueden sentir que sí son, o que sí tienen, una familia.

Las personas también comparten una idea de lo que quiere decir familia: para algunos será "tener la misma sangre", para otros "quererse", "vivir en la misma casa" y quizá "tener con quién pelear". Parecería que los individuos no pueden separar "quién es mi familia" de "qué quiere decir familia para mí"; ambas expresiones son manifestadas como ideas entrelazadas. Una vez que empezamos a hablar de qué quiere decir familia para cada persona, entramos en el terreno de las creencias, de los significados. Dado que podemos llamar familia a cosas muy distintas, la idea misma de familia puede llegar a verse como una creencia.

No será posible construir una familia si sus miembros no tienen una creencia, al menos parcialmente compartida, de "qué quiere decir familia para mí". Con base en la idea de que los elementos mínimos para que una relación ocurra son ciertas comprensiones compartidas, es difícil generar un terreno común a partir de creencias o visiones opuestas de lo que quiere decir una familia: "para mí, familia es acercarse a Dios; para ti, familia es tener quién te lave la ropa".

Antes de que dos personas piensen siquiera en formar una familia, ya han participado en una serie de conversaciones acerca de qué significa ser familia. Además, cada una ha tenido la experiencia personal de vivir en una concreta. Estas experiencias y conversaciones han tomado forma dentro de todas las relaciones en las que el individuo ha participado, lo que ha escuchado y vivido en su propia familia, pero también en otras familias y con cualquiera que tenga algo que decir sobre este tema: la escuela, la religión, la televisión o la psicología.

Una vez más regresamos a esa amplia red relacional en la que las personas construyen y mantienen una idea de qué significa ser familia, donde tanto los espacios grandes (cultura, medios de comunicación o religión) como los pequeños (pareja, hermanos, padres) tienen la misma influencia en la conformación de nuestras creencias acerca de la familia.

Cuando dos personas entran en relación para conformar una familia, su encuentro tiene como fondo esas creencias parcialmente compartidas acerca de qué es una familia, que puede incluir ideas sobre qué es una familia feliz o una familia disfuncional. Ese es el terreno común que otorga la historia relacional, la cual sirve de cimiento para construir una idea de "nuestra familia". Sin embargo, el encuentro de dos personas no implica tomar una radiografía de las creencias de cada una para ver si coinciden y, solo entonces, decidir si forman una familia o no.

Las creencias no son conceptos guardados en la cabeza, la mente o el inconsciente, sino formas de relacionarse; expresar una creencia es un modo de invitar al otro a entrar en un tipo de relación. Cuando una persona dice: "el amor es la base de la pareja" u "olvídate del compromiso", no solo está comunicando pensamientos diferentes sino abriendo posibilidades de relación distintas.

La creencia es, entonces, una invitación para la relación que puede ser aceptada, rechazada o negociada. La red relacional que dos personas comparten es suficiente para que puedan comunicarse, por ejemplo, sería muy difícil hablar de matrimonio, de familia o de unión si una de las personas no conociera esas palabras. Pero esa red no es suficiente para determinar lo que va a suceder entre esas dos personas; para cada invitación hay una respuesta, un suplemento que transforma la invitación inicial. A través del intercambio interpersonal generamos una creencia de familia que tiene lazos con nuestra red relacional, pero que también es única para esas personas. Con el intercambio personal construimos una forma de relación y significados compartidos para lo que será "nuestra familia". Esta es una manera de describir el proceso por el cual dos personas pueden empezar a hablar de "qué quiere decir familia para mí", para llegar al punto en que pueden hablar de "nuestra familia", de una comunidad.

La familia como una red de historias

En las siguientes líneas expondremos una perspectiva complementaria que también subraya el papel de las relaciones y el lenguaje en nuestras vidas, es decir, el poder que tienen las historias o relatos para dar significado a nuestras vidas. Las creencias de una comunidad, como lo es la familia, toman vida mediante estas historias.

En el estudio de Jorgenson (1995), la pregunta "¿qué personas forman parte de tu familia?" desencadenaba historias de eventos pasados que justificaban las razones de los entrevistados para considerar a un individuo parte de su familia.

Si alguien nos pregunta acerca de nuestra familia, lo más probable será que también contemos una serie de historias sobre las experiencias que han tenido impacto en nuestra vida: nacimientos, cumpleaños, matrimonios, graduaciones y demás.

Sin historias ni palabras, sería imposible acceder a la experiencia de otra persona: "¿por qué te casaste?", "¿Cómo decidiste ser arquitecto?", "¿Por qué es tan importante la honestidad para ti?" Quien pregunta no puede ver los hechos ni los pensamientos o los recuerdos de la persona, solo puede escuchar las palabras del que contesta.

El que contesta cuenta una historia que tiene la misma forma de los cuentos o las novelas, es decir, un principio, una parte media y un final. El que relata la historia escoge, de todo lo que ha vivido, los aspectos relevantes para dar a conocer al otro una parte de su vida (White y Epston, 1990).

La experiencia vivida del individuo no es comprensible ni comunicable por sí sola, sino que carece de forma y sentido. Así, cuando la persona cuenta una historia a partir de su experiencia, está haciendo algo más que retratar la realidad: está construyéndola (Bruner, 1986). Las narraciones sirven para dar sentido a nuestras vidas, para dar un sentido de continuidad a lo que hacemos e incluso para interpretar nuevas experiencias. Con este enfoque podemos afirmar que las narraciones dan forma a la persona y también a sus relaciones (White y Epston, 1990).

Las historias pueden verse como "prácticas de vida"; actuamos, conocemos, nos relacionamos y vivimos a partir de esas historias. Así, una narración puede abrir posibilidades y cerrar otras. No es lo mismo contar una historia en la que aparecemos como víctimas del destino, o como el héroes que logran vencer los obstáculos.

Sin embargo, no somos narradores solitarios. Toda narración emerge dentro de una red de relaciones; por tanto, posee múltiples autores (White, 1993). Al relatar una experiencia, el relato va dirigido a otro, que no se limita a escuchar, sino que responde a ella, y al responder la transforma agregando, comentando o dándole una visión distinta (Bruner, 1986).

El acto de narrar lleva consigo la posibilidad de cambio. Si cada intercambio personal es único, nuestras narraciones se modificarán en el momento de contarlas. En cada relación surge una versión alternativa de nuestra historia. En consecuencia, hay tantas versiones de una historia como participantes de una relación; en algunas somos los villanos, en otras las víctimas y en otras los héroes.

Participar en una comunidad, como la familia, es hacerlo en una comunidad que ha generado en forma conjunta ciertos relatos acerca de su pasado, su presente y su futuro. De igual manera ha generado relatos que hablan de un "nosotros" como familia. Asimismo, participar en una comunidad es contar con la posibilidad de ser autor, de tener voz, en la construcción de esas historias. En los relatos damos vida a aquello que es compartido dentro de esa comunidad, sean valores, tradiciones o creencias.

Si consideramos que la familia es una comunidad insertada dentro de una red de relaciones más amplia, entonces podremos decir que lo generado en esa comunidad está parcialmente limitado por las posibilidades de narración que se ofrecen en otras comunidades. En palabras de White (1993, p. 37), "nuestras historias, que son apropiadas y que están culturalmente disponibles acerca de la persona y las relaciones, han sido construidas históricamente y negociadas en comunidades de personas dentro del contexto de estructuras sociales e instituciones". Aunque "dentro" de una comunidad pueden generarse historias particulares acerca de determinadas personas o eventos, estas parten de las narraciones que se generan en otros espacios sobre qué es una buena madre (Weingarten, 1995), qué es ser un buen padre (Real, 1995) o qué es una buena familia (Benkov, 1995).

Al igual que todos los relatos, estos tienen efectos reales sobre las personas, por eso es difícil que alguien relate una historia de divorcio en la que no hay culpables, o una historia de un problema familiar sin relacionarla con cierta "patología", o que alguien pueda visualizar un futuro feliz después de una infancia que otros relatan como "traumática". Dentro de nuestras relaciones circulan historias dominantes que limitan nuestras posibilidades de narrar y, por tanto, de actuar.

Por otro lado, cada narración generada en un espacio "pequeño" tiene la posibilidad de transformar las narraciones que circulan dentro de los espacios "grandes"; por ejemplo, una persona que puede narrar un presente feliz a pesar de una infancia desdichada está generando la posibilidad, para sí misma y para otros con los que se relaciona, de relatar y vivir su vida en forma diferente.

Conclusiones

En este ensayo hemos analizado las creencias de los miembros de una familia, situándolas en un fondo particular: el de las relaciones y el lenguaje. Este punto de vista abre posibilidades importantes, pues dejamos de ver las creencias como cosas guardadas en nuestra cabeza para verlas como formas de relacionarnos y compartir con otros. Esto nos da la capacidad de entendernos y entender nuestras creencias como procesos en constante transformación, además nos facilita adoptar un papel activo en la generación de estas creencias.

Sin embargo, aún puede surgir una interrogante: ¿hay creencias mejores o más sanas que otras? Esto es difícil de contestar, pues, por sí solas, las creencias no son buenas ni malas, enfermas ni sanas. Son los efectos de estas en la persona y en sus relaciones los que pueden abrir o cerrar diversas posibilidades.

En un sentido meramente individual, las narraciones de una persona le permiten sentir que puede desempeñar un papel activo en el desarrollo de su vida, que puede influir en su rumbo que desee moverse de acuerdo con sus propósitos (White, 1993).

En un sentido relacional (Shotter, 1993a, 1993b), cualquier creencia implica un sentido de pertenencia a una comunidad, pues sentirse en un territorio compartido no está dado de antemano, sino que involucra tener una voz que puede mantener y transformar esa comunidad.

Bibliografía

Benkonv, L. (1995). Lesbian and Gay Parents: from Margin to Center. En Weingarten, K. *Cultural Resistance: Challenging Beliefs about Men, Women, and Therapy*. Nueva York: Harrington Park Press.

Bruner, J. (1986). *Realidad mental y mundos posibles. Los actos de la imaginación que dan sentido a la experiencia*. Barcelona: Gedisa.

Gergen, K.J. (1994). *Realidades y relaciones: aproximaciones a la construcción social*. Barcelona: Paidós.

Gergen, K.J. (1999). *An Invitation to Social Construction*. Londres: Sage.

Jorgenson, J. (1996). ¿Dónde está la "familia" en la comunicación familiar? Una exploración de las definiciones que las familias hacen de sí mismas. En Pakman, M., *Construcciones de la experiencia humana*. Vol. 1. Barcelona: Gedisa.

McNamee, S. y Gergen, K.J. (1999). *Relational Responsibility: Resources for Sustainable Dialogue*. Thousand Oaks: Sage Publications.

Real, T. (1995). Fathering Our Sons; Refathering Ourselves: Some Thoughts on Transforming Masculine Legacies. En Weingarten, K. *Cultural Resistance: Challenging Beliefs about Men, Women, and Therapy*. Nueva York: Harrington Park Press.

Shotter, J. (1993a). *Cultural Politics of Everyday Life: Social Constructionism, Rhetoric and Knowing of the Third Kind*. Toronto: University of Toronto Press.

Shotter, J. (1993b). *Conversational Realities: Constructing Life through Language*. Londres: Sage Publications.

Webster's Third New International Dictionary (1986). EU: Merriam-Webster Inc.

Weingarten, K. (1995). "Radical Listening: Challenging Cultural Beliefs for and about Mothers". En Weingarten, K. *Cultural Resistance: Challenging Beliefs about Men, Women, and Therapy*. Nueva York: Harrington Park Press.

White, M. (1993). Deconstruction and Therapy. En Gilligan, S. y Price, R. *Therapeutic conversations*. Nueva York: Norton Press.

White, M. y Epston, D. (1990). *Medios narrativos para fines terapéuticos*. Barcelona: Paidós.

CAPÍTULO 5

La formación de pareja

Martha Córdova Osnaya

En todo el mundo, más de 90% de la población forma una pareja hetero-sexual (Quilodrán, 1986). La importancia de dicho fenómeno es trascen-dental, si bien es cierto que por razones culturales puede haber diferencias significativas de un país a otro respecto a la formación de la pareja. Esta situación no deja de responder a una necesidad humana.

La gran diversidad que a simple vista percibimos cuando dos seres hu-manos deciden formar una pareja ha sido motivo de interés y reflexión para las ciencias sociales solamente en los últimos tiempos.

A lo largo de la historia, la literatura ha mostrado la atracción por esta diversidad; ejemplos como *Love history* o *Romeo y Julieta* en la actualidad se han llevado tanto a la pantalla grande como a la chica con gran éxito. Ob-servamos que la gran popularidad de las telenovelas se debe en gran parte a que abordan algún elemento de la relación de pareja, mientras el espectador se identifica con lo que está viendo.

A pesar de la importancia de la formación de la pareja, la investigación científica al respecto ha sido escasa, sobre todo en nuestro país. ¿Cómo inicia la pareja una interacción? ¿Qué hace que dos personas, al solo cono-cerse, pasen a los abrazos y besos? ¿Por qué una pareja decide iniciar una familia?

En este capítulo no intentaremos responder en forma tajante a tales preguntas, sino exponer los últimos avances científicos en México dirigi-dos a la comprensión del fenómeno del inicio de una pareja.

Muchos especialistas sociales afirman que para entender los diferentes arreglos que hace una pareja para iniciar su vida conjunta (ya que en nuestro país existen diversas modalidades: unión libre, casamiento solo por lo civil, casamiento civil y religioso, y solo por la iglesia) requiere asomarse a la his-toria, por lo cual este será el primer punto que abordemos, para posterior-mente tratar los factores que intervienen en el inicio de la interacción de una pareja, así como analizar por qué una pareja decide iniciar un noviazgo y, por último, las causas de que una pareja inicia la formación de una familia.

La formación de las parejas a lo largo de la historia

La constitución de las parejas en México y en el mundo ha sufrido muchos cambios a lo largo de la historia registrada del fenómeno. En la actualidad influyen nuevos usos y formas de comportamiento que antes ni siquiera imaginábamos y, viceversa, muchos procedimientos en la configuración de la pareja de tiempos pasados hoy nos parecen inverosímiles.

El relato más antiguo respecto a la formación de la pareja aparece en el Génesis; Abraham tiene un hijo llamado Isaac. El padre decide quién, cuándo, dónde y cómo ha de elegirse a la pareja para su hijo Isaac. Cuando muere la madre de Isaac, este tiene 40 años y Abraham, su padre, decide que ha llegado el momento de que el hijo se despose. Abraham pide al siervo de toda su confianza que vaya a buscar una mujer para su hijo; el siervo, obediente, trae a Rebeca, a quien Isaac toma por mujer. Con ella forma su familia y con ella vive hasta su muerte.

Como podemos observar en la narración anterior, los contrayentes ni siquiera se conocían, sino que era un arreglo que se hacía entre los padres. Isaac, menciona el Génesis, esperaba al siervo que iba a traerle a su mujer; subía a un monte para verlo llegar. Por otra parte, Rebeca es trasladada de la casa de su padre a la de su esposo sin conocer siquiera a este, durante el trayecto, Rebeca preguntó varias veces al siervo si "su señor" era apuesto.

Hoy nos parecería aberrante que los padres eligieran por sus hijos no solo la pareja sino también cuándo, cómo y dónde ha de iniciarse la relación. Sin embargo, este tipo de inicio en la formación de la pareja ha sido corroborado por historiadores del medievo.

Georges Duby (1990), historiador de la época medieval, señala que la formación de una pareja dependía de las cláusulas de alianza que establecían los padres de ambos, de tal manera que era una estrategia previsora de largo plazo. Ello implicaba un acuerdo entre las dos parentelas, las promesas intercambiadas precedían en mucho a la formación de la pareja. ¿En qué consistían estos acuerdos? Según Duby, por tres factores:

- La endogamia: se buscaba formar una pareja dentro de la misma parentela para que tuvieran un mismo antepasado, además de un mismo patrimonio.

- La desconfianza: ambas partes trataban de equilibrar las concesiones y las ventajas esperadas, a fin de obtener garantías.
- La prudencia: en esa época se limitaba el número de nuevas familias, los padres mantenían célibe (soltera) a una parte importante de la progenie. La decisión de quién formaba una pareja y quién se mantenía célibe era tomada por los padres.

Los padres también decidían cuándo, dónde y cómo debería iniciarse la nueva pareja; obviamente, estaba incluido el acto ceremonial o boda:

> es decir, un ritual de la instalación de la pareja en su hogar: el pan y el vino compartido entre los esposos, y el abundante banquete que rodea necesariamente la primera comida conyugal, el cortejo que lleva a la recién casada hasta su nueva casa; allí, al llegar la noche, en la habitación oscura, en la cama, se producirá la desfloración, y posteriormente, a la mañana siguiente, el regalo mediante el cual se expresa la gratitud y la esperanza de aquel cuyo sueño es, habiendo fecundado a su compañera esa misma noche, haber iniciado sus funciones de paternidad legítima (p. 18).

Sin embargo, hubo también la contraparte: aceptado socialmente, el varón vivía un periodo llamado juventud, en el que podía hacer frecuente y pública ostentación del concubinato, de los amores domésticos (con las siervas o de la prostitución), así como la exaltación en el sistema de valores de las hazañas de la virilidad (Duby, 1990).

Mientras lo anterior sucedía en Europa, ¿cómo se iniciaba en México prehispánico una pareja? En la civilización mexica, el varón tenía una esposa principal y todas las esposas secundarias que le conviniese, de acuerdo también con la posibilidad de mantenerlas (Tuñón, 1998). La mujer debía ser dócil en la aceptación de la pareja que los padres le habían buscado a través de las casamenteras, o *cihualtianque*, ancianas que servían como intermediarias entre las familias, ya que no se hacía ninguna gestión de manera directa:

> Esas matronas iban a visitar a los padres de la doncella y, "con mucha retórica y mucha parola", exponían el objeto de su misión. Las buenas costumbres exigían que la primera vez se diera una negativa cortés y humildes excusas. Después de celebrar un consejo de familia y habiendo obtenido la anuencia de todos, se daba a conocer finalmente a los padres del joven el consentimiento de los padres de la doncella. Solo quedaba fijar la fecha de la boda, prepa-

rar la comida, el cacao, las flores, y las pipas para el festín de bodas (González, 1997, p. 36).

La futura pareja no tenía interacción alguna hasta la ceremonia del matrimonio, la cual se llevaba a cabo de la siguiente manera:

> …se celebraba en casa del novio al caer la noche. El día anterior se hacía una fiesta en casa de la novia. A medio día tenía lugar una gran comida, los ancianos bebían octli y las mujeres casadas llevaban regalos. Por la noche, se formaba un cortejo para conducir a la novia a su nuevo hogar. El rito del matrimonio se celebraba junto al hogar. Sentados uno junto al otro sobre dos esteras, los desposados recibían los regalos. Después la *cihualtianque* hacía un nudo con la manta del novio y la blusa de la novia: a partir de ese momento eran marido y mujer, y su primer acto como tales era compartir un plato de tamales, dándoselo el uno al otro, con su propia mano. Los esposos pasaban a la cámara nupcial en donde permanecían cuatro días en oración sin consumar el matrimonio. El quinto día se bañaban en el *temazcalli* y un sacerdote iba a bendecirlos… (González, 1997, p. 37).

Patricia Seed (1991), quien ha llevado a cabo investigaciones sobre el inicio del matrimonio y las relaciones familiares en el México colonial, señala que el inicio de las relaciones en la pareja tuvo un tiempo propio en la Nueva España distinto del que seguían en Europa, pues mientras en el Viejo Continente la tendencia era el relajamiento del control de los padres sobre las bodas de su prole para dar paso a la libertad de elección de los cónyuges −hecho que se considera el inicio de la familia actual en Europa occidental y, por ende, la aceptación social de un periodo de noviazgo o cortejo, en México los padres tendieron a incrementar el control, a menudo contra el deseo de sus hijos.

En el México de los siglos XVI y XVII, la autoridad de los padres y la voluntad de la persona en cuanto al inicio de una relación de pareja fueron cuestionadas tanto en el discurso oficial como en el popular. Aun cuando la autoridad de los padres en la familia era supuestamente incuestionable, las instituciones de control social −concretamente los tribunales eclesiásticos− favorecieron de manera clara y constante las elecciones de los hijos por encima de las objeciones de los padres.

Pilar Gonzalbo (1991) rastreó una contradicción en esa época parecida a la observada en el Medievo europeo: por un lado imperaba una moral muy rígida (transmitida por la Iglesia católica, cuya aculturación de los indígenas se expresaría en el marco de la imposición del matrimonio cristiano, que prohibió enfáticamente la poligamia), y por otro lado, era evidente –¿o aún lo es?– una práctica social laxa y tolerante, por lo que había un gran hueco entre la realidad respecto al inicio, formación y perseverancia de la familia; estaba además el ideal dictado por las normas canónicas de virtud y vida intachable que la Iglesia enseñaba, factor que favoreció un ambiente de tensión durante la Colonia. En esta época hubo un desfasamiento notable entre lo que se decía y lo que verdaderamente se hacía. Julia Tuñón (1997) afirma que esta es una herencia ideológica que los mexicanos cargamos hasta nuestros días: una cosa es lo que las autoridades nos dicen o tenemos por escrito en nuestras leyes y otra lo que sucede realmente. Por ejemplo, en 1950 el arzobispo primado de México llegó a afirmar públicamente que no había necesidad de derogar la Constitución, porque de ella prácticamente nada se cumplía.

Durante el porfiriato se promovía y pretendía algo y la realidad era otra respecto a la formación y perseverancia de las parejas. Por el lado de la legalidad, el Estado sostuvo una política específica:

> ... en la cual siguió rigiendo el modelo de la "sagrada familia" que la Iglesia sustentó con base en la Contrarreforma, solo que ahora quedaba regulada por el Estado mediante el matrimonio civil. El derecho consideró la familia la célula de la reproducción de los valores, de la conciencia nacional y de las pautas de comportamiento aceptables. Tanto la ley del matrimonio civil, del 23 de julio de 1859, como el Código Civil para el Distrito Federal de 1870 constituyeron el conjunto de normas que regularon el comportamiento familiar y los papeles asignados a la mujer y al varón en esta época (Barceló, 1997, p. 75).

A pesar de toda esta reglamentación, solo eran registrados cinco matrimonios "legales" por cada mil habitantes (Quilodrán, 1986). ¿Legales? Sí, a pesar de que la mayoría de los habitantes vivían en pareja, esta unión no era oficial ante la ley; la legalidad estaba al margen de la realidad de formación de una pareja. Sin embargo, una de las preocupaciones de la pareja para iniciar su vida conyugal era la bendición sacerdotal, así que en el porfiriato había dos maneras de iniciar la relación de pareja que en la práctica se consideraban normales, al margen de lo que afirmara el Estado: la unión libre ("irse a vivir juntos") o vivir juntos con la bendición sacerdotal.

Entre 1930 y 1940, el Estado promovió el apego al modelo de la familia nuclear, como parte del ordenamiento posterior al caos provocado por la Revolución de 1910 y como un símbolo de modernidad a la que el mismo Estado aspiraba, en imitación de los países del primer mundo. El inicio de la familia nuclear con muchos hijos (que la mayoría de los mexicanos tenemos en mente como nuestro pasado nacional) tuvo verdaderamente su comienzo en los años treinta y cuarentas del siglo xx.

Durante esa misma época, el Estado estableció una serie de campañas para legalizar las parejas, ya que su número se mantenía igual que en el porfiriato: cinco parejas legítimas por cada mil habitantes. Una de tales campañas consistió en prohibir a los ministros de culto casar a las parejas sin la presentación del certificado del matrimonio civil (requisito mantenido hasta la fecha). Otra estrategia consistió en fomentar las campañas para realizar matrimonios civiles colectivos (y hasta en masa) para los que no estaban bajo esa situación. Estas medidas no dieron fruto hasta 1970, cuando 75% de las uniones de pareja se hubieron legalizado.

Como podemos ver, a lo largo de la historia han sido diversas las condiciones que dan inicio a la formación de pareja: desde la asignación por parte de los padres durante la niñez hasta la elección libre. La permisibilidad respecto a la elección libre de la pareja dio origen a la etapa de noviazgo, práctica que en México enfrentó muchos problemas a partir de la Colonia. Sin embargo, es importante señalar que nuestro país en pleno siglo xxi es multihistórico o, como afirma Quilodrán (2001), "... una heterogeneidad espacial derivada de una diversidad socioeconómica y cultural del país" (p. 29). Basta visitar diferentes lugares de la provincia para sentir que regresamos en el tiempo o que hay una mezcla de condiciones. Por ejemplo, en los sectores campesinos son recientes los cambios en las pautas para la formalización de las parejas; la elección de pareja, la práctica del cortejo y el matrimonio eran, aún hasta hace poco, decisión del jefe de familia (Oliveira *et al.*, 1999). Es más, actualmente en Xalatlalco, ubicado al sudeste del Valle de Toluca, en el estado de México, encontramos todavía matrimonios arreglados por los padres (Quilodrán, 2001).

Quizá la exposición anterior haya originado en el lector la idea de que entonces todo el proceso es social, pero no es así. El sustento social o cultural no puede ser expresado sino a través del ser humano. De tal manera, la sociedad tiene que ser permeada por un organismo biopsicológico (el ser humano), lo cual da como resultado una interacción indisoluble entre lo biológico, lo psicológico y lo social. Por lo que salta a la vista, la capacidad psicológica —e inclusive biológica— que tiene el ser humano le permite adaptarse a la situación social en que se desarrolle. El mejor ejemplo es que se adaptó psicológicamente a la pareja impuesta por los padres. Sin embargo, en la actualidad las condiciones sociales han cambiado y están acompañadas por cambios psicológicos. ¿Cuáles son estos cambios? ¿Cuáles son las condiciones actuales de nuestro país para la formación de las parejas?

Aspectos que intervienen en la formación de pareja

Como se mencionó al inicio del capítulo, la mayoría de los hombres y mujeres adultos del mundo viven en pareja, y en México no son la excepción. Podemos ver la formalización de la pareja como el producto final; sin embargo, todo tuvo un principio. ¿Cómo se inició la interacción entre las parejas?, es decir, ¿cómo se conocieron las personas que forman la pareja? Fundamentalmente, hay dos formas: mediante las circunstancias espaciotemporales y actualmente a través de las redes sociales.

Circunstancias espaciotemporales

Por espacio nos referimos al lugar, así que el término espaciotemporal alude a un lugar y tiempo determinados. A continuación, abordaremos algunas situaciones en que las parejas se conocen:

a. *En el vecindario:* no es lo mismo crecer en un vecindario de la Ciudad de México que en una zona rural, por ejemplo: en el sureste del estado de Guanajuato, en un poblado que en la actualidad tiene 180 habitantes y la mayoría son mujeres y niños, ya que los hombres han emigrado a Estados Unidos, es decir, no hay hombres.

b. *En la escuela:* en 1934, la Escuela Nacional de Economía contaba con un total de 189 estudiantes, de los cuales solo cuatro eran mujeres, es decir, 2.2% (Arce *et al.*, 1982). En el año 2001, casi 50% de los estudiantes eran mujeres. Precisamente este espacio-tiempo da condiciones diferentes para la primera interacción entre una pareja; en 1934, las cuatro mujeres estudiantes de economía tuvieron una altísima posibilidad de relacionarse con el sexo opuesto, no fue así para los hombres (es muy factible que estas cuatro estudiantes establecieran una relación de pareja con alguno de sus compañeros de escuela).

c *En el trabajo:* las oportunidades de interacción heterosexual son mucho menores cuando la mujer trabaja en una maquiladora, donde la mayoría son mujeres, que en una oficina.

d. *En las fiestas:* Quilodrán (2001) señala estos eventos espaciotemporales como el principal medio para que las parejas adolescentes se conozcan.

Es evidente, entonces, que las circunstancias espaciotemporales son muy importantes para iniciar una interacción entre la pareja. Por otro lado, hay la perspectiva popular de que una persona inicia una interacción de pareja con quien ella quiere; esto no es del todo cierto. Su elección está circunscrita al lugar y al tiempo donde el individuo se desenvuelve. ¿Y qué con todas las demás personas que existen en los espacios donde el individuo no interactúa en ese tiempo? Esta cuestión relativiza la idea anterior. Es mejor decir que interactúa *con quien se encuentra*. Aunque las personas afirmen disfrutar de un amplio margen de libertad para su elección, como vemos aquí está acotada por las circunstancias de espacio-tiempo.

En la actualidad, el espacio físico ya no es un impedimento para entablar una relación: internet y, concretamente, el *chat*, han abierto nuevos campos de inicio de interacción entre las parejas, elemento del cual, por ser tan reciente, sabemos poco, aunque ofrece muchas posibilidades para la investigación futura.

Las redes sociales

Cuando el individuo llega a una determinada edad, la mayor parte de las personas que lo rodean parecen muy interesadas en no verlo solo, de tal manera que le presentan amigos o familiares. Así, muchas veces el individuo es alentado –y hasta presionado– por su medio, ya sea educacional (compañeros de la escuela), laboral o familiar, para elegir con mayor posibilidad de homogeneidad la pareja que "necesita". Por tanto, inicia interacciones heterosexuales primordialmente estimulado o influido por las personas que lo rodean. Esto fue corroborado por Souza y Machorro (1996), quien afirma que muchas parejas inician una relación debido a que fueron presentados por un familiar o un amigo en común.

¿Qué sigue después?

Antes del inicio del noviazgo, hay un periodo entre las parejas que manifiestan interés uno por el otro, no tiene una denominación específica, pero todos la reconocemos: es la etapa de las miradas especiales, quien las recibe sabe que el otro (u otra) está interesado en él para iniciar una relación más profunda que la de solo conocerse.

Stern y Echarri (2000) llevaron a cabo estudios con mujeres adolescentes del estado de Sonora, que habían quedado embarazadas, para quienes estas miradas (que llamaron "tijerear") jugaron un papel muy importante; expresado por ellas, "fue como en las novelas rosas", para mostrar o sentir interés por el otro.

Definiremos el noviazgo como la relación que se establece entre dos personas interesadas una en la otra con alguna connotación sexual, que va desde besos hasta relaciones sexuales, sin llegar a la formación de una familia.

En la actualidad, en México no se conoce mucho respecto a los patrones que se siguen tanto para dar inicio al noviazgo como para su trayectoria. Quilodrán (2001) señala que los noviazgos en nuestro país son cortos (menos de un año), numerosos y a menudo simultáneos (más de un novio o novia a la vez), hasta que aparece la pareja que se convertirá en cónyuge. A continuación, analizaremos dos aspectos relevantes en este fenómeno.

La influencia cultural en la selección de la pareja

Entendemos como contexto cultural lo que toda sociedad posee: sus propios estilos y modos de vida, las costumbres de los grupos humanos –o normas sociales–, los conceptos acerca del universo físico y social –creencias y los valores –la dignidad y el honor, por ejemplo–, que dan como resultado un sistema de símbolos y signos que son transmitidos a través del contacto entre humanos (Fernández, 2000). De tal manera, el ser humano recibe los símbolos y signos de su cultura desde que nace.

> ... es indudable que el individuo no llega a la edad adulta –época de las elecciones significativas y difícilmente reversibles– sin estar nítidamente diferenciado por su educación por el contexto sociocultural en el que ha pasado su infancia, por las condiciones económicas y geográficas. Todas estas determinantes entrecruzadas introducen muchos elementos que van a orientar sus elecciones... (Lemaire, 1992, p. 47).

Así, cuando un hombre o una mujer decide fijarse en alguien para iniciar una relación, lo hace a través de todo lo que ha incorporado en su *sí mismo* o *yo* proveniente de su cultura.

En nuestro país distinguimos un factor como importante para iniciar el noviazgo, el cual está marcado definitivamente por la cultura: considerar a alguien "guapo" o "guapa". Stern y Echarri (2000) hallaron en estudios con adolescentes que la atracción física juega un papel preponderante para iniciar un noviazgo. Curiosamente, los rostros que les parecieron más atractivos fueron los elaborados en computadora, con las medidas promedio de las caras de todas las mujeres consideradas guapas por la población elegida. Es decir, el patrón de belleza obtenido resultó ser la cara más común. Otro elemento identificado como proveniente de la cultura y que ejerce una presión muy fuerte sobre los que no tienen novia o novio es la edad (Quilodrán, 2001). Si la mujer llega a los 21 años y el hombre a los 24 sin que haya mediado al menos un noviazgo causa extrañeza e incluso es objeto de burla.

Un componente más dentro del contexto cultural es la situación socioeconómica de la persona. La persona que busca novio(a) tomará muy en cuenta esta situación, indagando entre individuos de condición semejante a la suya. Por ejemplo, difícilmente un afanador de una universidad seleccionará para iniciar una relación a la directora de la facultad; tampoco es común que una obrera de una fábrica se fije en el dueño o en el hijo del dueño de la empresa como posible pareja.

Lo anterior explica por qué 90% de las relaciones ocurren entre personas del mismo grupo étnico, 85% comparten similitud educacional, 80% tienen edad parecida (con diferencia menor a cinco años) y más de 60% practican la misma religión (Souza y Machorro, 1996).

Nuevamente la perspectiva popular de que una persona inicia una interacción de pareja con quien ella quiere no es del todo cierta si consideramos la cultura, ya que el individuo incorpora verdades o realidades en su *sí mismo* o *yo* provenientes de la cultura. El ser humano no está consciente de muchas normas sociales, creencias y valores, sino que forman parte de su identidad, de tal manera, el individuo está envuelto en un sentimiento aparente de libertad en el proceso de elección cuando inicia una relación de pareja.

La individualidad en la selección de la pareja

Entonces, si muchas de las decisiones que toma el ser humano en la elección de la pareja son filtradas mediante las condiciones culturales, ¿por qué hay diferencias respecto a los patrones y formas de elección de pareja entre un individuo y otro provenientes de la misma situación económica, cultural y de género? Si la cultura fuera un determinante único, todos los de una misma cultura reaccionaríamos de idéntica manera y no habría tanta diversidad. En este apartado describiremos aspectos de la identidad individual, es decir, aspectos psicológicos que intervienen en estos procesos.

Algunos individuos que viven en un ambiente similar y que son influidos por una cultura similar desarrollan *sí mismos* diferentes (todo ser humano es único e irrepetible). Revisemos las descripciones que hacen dos hermanos sobre el mismo asunto:

Mi padre —dijo Ora— era un viejo haragán y borrachín, y mi madre, que no sabía gran cosa de cocina, estaba siempre demasiado ocupada para prestarme mucha atención y todos los chicos que conocía era un grupo de muchachos callejeros mal hablados que andaban siempre rondando a los vagabundos por los alrededores del depósito de agua, y yo nunca tuve la oportunidad de recibir ninguna instrucción formal, y me crie abandonado a mí mismo y fui ya de chiquilín un buen pillo. Así llegué naturalmente a ser una especie de vagabundo al que no pueden preocuparle las "deudas" que tiene con una buena cantidad de honestos pequeños comerciantes, y supongo que tengo propensión a la haraganería y que no soy demasiado escrupuloso en lo referente a las damas y a las bebidas. Pero mis primeros años tuvieron un resultado favorable. Educado tan anticonvencionalmente, seré siempre un antipuritano. Nunca negaré las alegrías de la carne y la santidad de la belleza.

Y mi padre —dijo Mirón— era un hombre bonachón sin urgencias, que andaba siempre con su copa y con algún cuento para los muchachos, y a mi madre se le iba el día cuidándonos, y junto al depósito de agua oí de boca de los vagabundos muchas inmundicias. Quizá precisamente por reacción frente a todo esto he llegado a ser un maniático para el pago de las deudas, un trabajador encarnecido y un hombre que escapa al alcohol y a las mujeres, pero mis primeros años tuvieron un resultado favorable; justamente por contraste me convertí en un bueno y genuino puritano de la Nueva Inglaterra, hecho a la antigua usanza (Allport, 1974, p. 118).

¿Qué hizo distintos (*sí mismos* o *yo* diferentes) a estos dos hermanos, aun cuando fueron tratados de la misma manera social y culturalmente? ¿Podemos afirmar, como reza el dicho, que "el mismo fuego que derrite la manteca endurece a un huevo"? ¿Por qué? Es simple: cada hermano construyó su identidad como producto de la interacción social y su información genética (estructura física o biológica).

La manteca y el huevo pueden semejar (toda proporción guardada) la información genética de cada uno de los hermanos, y el fuego toda interacción social que trajo como resultado una identidad diferente; uno de los hermanos se volvió como el padre y el otro lo contrario. La construcción del *sí mismo* o *yo* ha traído de cabeza a la psicología durante décadas.

Podemos encontrar individuos que, a pesar de haber alimentado su estructura física o biológica con la misma situación social, sus creencias, convicciones y, por tanto, elecciones son divergentes al estar sustentadas en un *sí mismo* o *yo* diferente. De tal manera, aun cuando la sociedad o la cultura determinan muchos elementos para orientar las elecciones y una de estas es el inicio de un noviazgo, el que tiene la última palabra es el individuo mismo. A pesar de que la cultura mexicana indica que la mujer a los 24 años, como máximo, debe estar ya casada, una joven puede decidir construir su proyecto de vida contrario a esta situación, a pesar de tener todas las condiciones para ello.

¿Qué expresa todo lo anterior? Que a pesar de que todo individuo recibe de la cultura una gran influencia, construye su *sí mismo* o *yo* a partir de la posibilidad que le da su constitución genética. Así, podemos observar comportamientos y actitudes que no van de acuerdo con la cultura; "... los individuos no siempre aceptan pasivamente los estereotipos que les imponen los modelos culturales y la sociedad" (González, 1993, p. 27).

El lector habrá comprendido que plantear con toda certeza cómo inician las relaciones de pareja puede resultar una tarea de gran complejidad, ya que deben considerarse no solamente el contexto cultural donde crece el individuo, sino también sus características psicológicas.

Factores que intervienen para formar una familia

En la actualidad, cómo cada persona se ha involucrado en la elección de su pareja para formar una familia es una situación complicada, aun para el propio individuo resulta difícil tener claros los factores involucrados para ello. "Muchos pacientes no son capaces de explicar congruentemente por qué se han casado, ni por qué lo han hecho en particular con la pareja del momento" (Souza y Machorro, 1996, p. 4).

La dinámica cultural ha cambiado y ello ha traído también cambios en las percepciones respecto al inicio de formalizar una relación. En la Ciudad de México en los años setenta (es decir, hace más de 30 años), varios investigadores entrevistaron mujeres para conocer el motivo por el cual formalizaron su relación (investigación citada en Oliveira *et al*, 1999), resultó la siguiente jerarquía: en primer lugar, por afecto y cariño; en segundo, por el deseo de tener hijos; y en tercero, para lograr seguridad económica.

Ahora bien, nos podemos preguntar: ¿la finalidad es la misma en la actualidad? ¿Varía el motivo por el cual las mujeres formalizan su relación respecto al de los hombres? La razón para que las parejas se unan ha sido desarrollada recientemente por los estudios de género. Las investigaciones muestran una mayor tendencia hacia las mujeres que hacia los hombres; sobre estos últimos no hay casi nada.

Por otra parte, al referirnos a la formalización de la pareja no estamos aludiendo al matrimonio civil o religioso sino a la decisión de formar una familia, independientemente de la forma en que la pareja lo decida, ya que en nuestro país hay cuatro opciones para formalizar una relación: unión libre, casamiento por lo civil, casamiento por la iglesia, casamiento por lo civil e iglesia. Las uniones consensuales en México (en las que no hay de por medio un contrato civil o religioso) son más frecuentes en áreas rurales que urbanas y entre mujeres con menor nivel socioeconómico y grado de escolaridad. Es decir, la legalización de las uniones es más reducida entre los grupos de más bajo nivel socioeconómico (Ojeda, 1989; Quilodrán, 1996).

Enamoramiento

Mencionábamos al principio que el enamoramiento es uno de los temas más explotados por los medios de comunicación. A pesar de ser uno de los factores más reconocidos popularmente en la unión de parejas, este fenómeno, como motivo para formalizar una relación, no es notable en toda la población.

De acuerdo con un estudio reciente llevado a cabo por Oliveira (1996), solamente las mujeres de familias con recursos económicos, estables y poco conflictivas se casan después de los 20 años porque estaban enamoradas. Respecto a los hombres, Vivas (1996) llevó a cabo entrevistas a diversos profesionales en la Ciudad de México: nunca mencionaron el enamoramiento como factor de unión estable con su pareja.

El enamoramiento es un fenómeno hasta hace poco tiempo considerado objeto de estudio de las ciencias sociales y humanas, pues siempre se había estimado parte de la literatura y el arte.

¿Qué es el enamoramiento? Importa detenernos en este concepto pues, debido a su manejo popular, con frecuencia vuela de las manos de los científicos sociales. Mucha gente cree –quizá justificadamente– que conoce el tema del enamoramiento por haber experimentado en carne propia este sentimiento. Pero el científico social enfrenta varios problemas en el estudio de tal materia, debido a que:

- Las diferentes imágenes que una persona tiene acerca del enamoramiento están sustentadas en una mezcla de dos dimensiones: una fáctica (la constatación de la realidad) y otra ideal (lo que se anhela). Por consiguiente, uno de los problemas fundamentales en el estudio del enamoramiento consiste en determinar la brecha que separa los modelos o ideales culturales de la experiencia real del enamoramiento.

De tal manera, al preguntarle sobre el enamoramiento, la persona investigada no logra definir si lo que está reportando es lo que le pasa o lo que le gustaría que le pasara de acuerdo con lo que su cultura le ha determinado.

- Otro obstáculo en el estudio del enamoramiento son las diferentes perspectivas con las que se aproxima el científico social, las cuales llegan a ser no solo contrastantes sino hasta contradictorias. Por ejemplo, ciertos grupos consideran que el estudio del enamoramiento no es científico, mientras que otros piensan que sí lo es.

Sin embargo, pese a estos problemas, resulta importante el estudio del enamoramiento, si no lo hiciéramos, seríamos como el avestruz, que esconde la cabeza para no ser vista. En otras palabras: negar el fenómeno no lo desaparece; este ocurre y requiere investigación. Necesitamos contestar muchas preguntas científicamente: ¿cuál es el patrón psicológico del enamorado? ¿Es el enamoramiento un proceso experimentado por todos, sin considerar la clase social y género? ¿Son similares sus manifestaciones en una persona y en otra? ¿Por qué acaba el enamoramiento?

De acuerdo con Alberoni (1996), el enamoramiento es "el estado naciente de un movimiento colectivo de dos". Este autor lo explica como la forma más simple de movimiento colectivo, durante el cual el enamoramiento, la vida física y sensorial de los enamorados se vuelve más intensa y hace surgir una fuerza por la cual cada amante se siente único para el otro (1996). Estrada (1997) llama al enamoramiento *etapa de idealización*: uno ve al otro como *no necesariamente es*, y afirma que los enamorados piensan: "tú eres yo y yo soy tú" (p. 103).

La pareja cubre el ideal personal

Todo ser humano, por la interacción con su medio (es decir, por su cultura), ha construido el ideal de lo que sería una relación de pareja. Sternberg (1999) afirma que cada uno tenemos una historia o concepción del amor ideal; cada humano tiene establecido o preconcebido el ideal de lo que debe ser la expresión del amor en la relación de pareja. Lo que nosotros pensamos como mexicanos respecto al amor ideal es diferente de lo que piensa un africano, un asiático o un australiano, y entre los mexicanos hay una enorme variedad de construcciones.

Souza y Machorro (1996) afirma que formalizamos una relación con esa pareja que, según creemos, satisfará nuestros anhelos. Sin embargo, es importante señalar que estos anhelos no son necesariamente explícitos ni claros, y muchos están determinados por la cultura.

García y Oliveira (1998) encontraron en un estudio realizado con mujeres de diferentes ciudades que el motivo por el cual se habían casado difería dependiendo del sector social al que pertenecían. Por ejemplo, las mujeres provenientes de familias con recursos económicos se habían casado para encontrar comprensión mutua, para que los anhelos de ambos se conjugaran, no así en las mujeres con recursos bajos, quienes buscaban obtener un apoyo moral o económico. En los sectores más privilegiados económicamente se valora tanto la relación de la pareja como la llegada de los hijos, lo que no sucede en los sectores con recursos económicos bajos, pues la valoración de los hijos es mayor que la relación con la pareja.

Relaciones sexuales aceptadas socialmente

En términos teóricos, la consideración fundamental es que uno de los motivos principales por los cuales los hombres formalizan una relación es la posibilidad de tener permisibilidad sexual, es decir, tener relaciones sexuales socialmente aceptadas (Souza y Machorro, 1996). Sin embargo, esto no ha sido investigado en México.

Formalizar la relación ante el posible embarazo

En el estudio de García y Oliveira (1998), las mujeres con bajos recursos económicos señalaron como segundo motivo para formalizar su relación de pareja la posibilidad de ser madres (su primer motivo fue el apoyo moral y económico). Esto nos lleva a pensar en el castigo social que sigue amenazando a las madres solteras.

Es sabido que el embarazo antes del matrimonio puede ser un factor para que la pareja formalice su relación (Oliveira *et al.*, 1999). Es decir, comienzan a vivir juntos o se casan para ofrecer un hogar al hijo que viene en camino.

Búsqueda de compromiso

Muchas personas afirman "sentir" que les ha llegado el momento de tener una relación formal (Panizo, 1996) y toman así la decisión de formalizar una que ya tenían o inician la búsqueda. Asocian esta, que es consciente, con tener también claro un proyecto de vida (lo que no sucede a todas las personas) que las conduzca a realizar una valoración consciente de la pareja para ver si cumple las expectativas.

Olvidar un compromiso anterior

Algunos aceptan el compromiso de formalizar una relación solo para olvidar una anterior (Rodríguez, 1994), quizá para olvidar el desengaño sufrido ("un clavo saca otro"). Este fenómeno aparece mayormente entre las mujeres.

Escapar de situaciones de pobreza o conflictos familiares

La pobreza y la inestabilidad en las familias de origen provocan que las mujeres con frecuencia contraigan matrimonio a edades muy tempranas, a fin de escapar de las carencias económicas y de situaciones difíciles que pueden estar viviendo en su casa (Oliveira, 1996), como violencia intrafamiliar, alcoholismo de los padres, exceso de trabajo y carga excesiva de responsabilidades, pero también pueden incluir violación e incesto. Cuando la situación se vuelve insostenible, es muy probable que los hijos escapen y, para las mujeres, el medio para huir más frecuente es la relación de pareja.

García y Oliveira (1998) llevaron a cabo un estudio respecto al motivo por el cual las mujeres contrajeron matrimonio. Encontraron que para las mujeres de sectores pobres, el matrimonio significaba, en primer término, la obtención de un apoyo moral y económico fuerte y duradero.

Cuestiones demográficas

Quizás el número creciente de nacimientos ha sido una cuestión coyuntural; sin embargo, es importante señalarlo debido a que estamos abordando el estudio de un fenómeno muy complejo. En 1942, nuestro país experimentó un incremento sin precedentes con respecto a las uniones matrimoniales y a legalizaciones de uniones libres, cuando el gobierno promulgó que los solteros debían matricularse en el ejército para ir a la guerra. Este fenómeno ha ocurrido no solamente en México sino también en otros países antes y después de situaciones de guerra.

Todos estos elementos pueden darse o no en forma aislada, o puede haber una combinación de uno o más de ellos, con la consiguiente complejidad. A esto sumemos lo que afirma Souza y Machorro (1996): "... existe todo un culto desconocido por los participantes que les hace encubrir, distraer y explicar la ignorancia de los factores inconscientes, que en ellos produce la atracción suficiente y necesaria para reunirse en pareja" (p. 4). En otras palabras, muchas parejas no conocen la razón por la cual se unieron para dar inicio a una familia. Tan complejo ha llegado a ser este asunto de la elección de pareja, que Lykken y Tellegen (1993) exploraron los factores que llevaron a 738 parejas de gemelos a elegir a sus respectivas esposas. Llegaron a la conclusión de que no hay estandarización ni patrón alguno para la elección de pareja: su modelo de respuesta fue muy azaroso, simplemente parecido al modelo animal.

Conclusiones

La formación de la pareja es una necesidad humana que comprende aspectos biológicos, psicológicos y culturales.

La decisión de elegir pareja es un fenómeno sumamente complejo, ya que se integran no solo las características psicológicas de las personas, sino también las condiciones biosocioculturales.

Es evidente el proceso que opera en la elección de la pareja cuya finalidad es formar una familia, pero hace falta más investigación para llegar a conclusiones al respecto.

Bibliografía

Alberoni, F. (1996). *Enamoramiento y amor.* Barcelona: Gedisa.

Allport, G. (1974). *Psicología de la personalidad.* Buenos Aires: Paidós.

Barceló, R. (1991). Hegemonía y conflicto en la ideología porfiriana sobre el papel de la mujer y la familia. En González, M. y Tuñón, J. *Familias y mujeres en México.* Ciudad de México: El Colegio de México.

Duby, G. (1990). *El amor en la Edad Media y otros ensayos.* Madrid: Alianza.

Estrada, I. (1997). El devenir de la relación de pareja en el México contemporáneo. En Solís, P. *La familia en la Ciudad de México.* Ciudad de México: Asociación Científica de Profesionales para el Estudio Integral del Niño, A.C./Miguel Ángel Porrúa.

Fernández, P. (2000). *Mujeres, revolución y cambio cultural.* Barcelona: Anthropos/UAM-Xochimilco.

García, B. y Oliveira de O. (1998). *Trabajo femenino y vida familiar en México.* Ciudad de México: El Colegio de México.

Gonzalbo, A. (1991). Religiosidad femenina y vida familiar en la Nueva España. En González, M. y Tuñón, J. *Familias y mujeres en México.* Ciudad de México: El Colegio de México.

González, G. (1997). Aspectos históricos de la familia en la Ciudad de México. En Solís, L. *La familia en la Ciudad de México.* Ciudad de México: Asociación Científica de Profesionales para el Estudio Integral del Niño, A.C./Miguel Ángel Porrúa.

González, M. (1993). Hacia una antropología de las relaciones de género en América Latina. En González, M. (coord.). *Mujeres y relaciones de género en la antropología latinoamericana.* Ciudad de México: El Colegio de México.

Lemaire, J. (1992). *La pareja humana: su vida, su muerte, su estructura.* Ciudad de México: Fondo de Cultura Económica.

Lykken, D. y Tellegen, A. (1993). Is Human Mating Adventitious or the Result of Lawful Choice? A Twin Study of Mate Selection. En *Journal Personality and Social Psychology,* 65(1), 56-68.

Ojeda de la P. (1989). *El curso de la vida familiar de las mujeres mexicanas; un análisis sociodemográfico.* Ciudad de México: UNAM.

Oliveira de O. (1996). Familia y relaciones de género en México. En García, M. y Pulido, A. (comps.). *Humanismo, mujer, familia y sociedad.* Ciudad de México: Sociedad Nacional Pro Valores Humanos E. Fromm-S.

Zubirán, A.C./El Colegio de México/Instituto Nacional de Ciencias Médicas y Nutrición Salvador Zubirán.

Oliveira de O., Eternod, M. y López de la P. (1999). Familia y género en el análisis sociodemográfico. En García, B. (coord.), *Mujer, género y población en México*. Ciudad de México: El Colegio de México.

Panizo, O. (1996). *La inmadurez de la persona y el matrimonio*. Salamanca: Universidad Pontificia.

Quilodrán, J. (1986). Nupcialidad en México. *Revista Femenina*, 10(46), 8-11.

Quilodrán, J. (1996). El matrimonio y sus transformaciones. En López de la P., M. (comp.), *Hogares, familias: desigualdad, conflicto, redes solidarias y parentales*. Ciudad de México: Sociedad Mexicana de Demografía.

Quilodrán, J. (2001). *Un siglo de matrimonio en México*. Ciudad de México: El Colegio de México.

Rodríguez, C. (1994). *Entre el mito y la experiencia vivida: mujeres jefas de familia, divorciadas, separadas y abandonadas* [Tesis de Doctorado, UNAM].

Román, P., Carrasco, M. Valadez, E. y Cubillas, M. (2000). Noviazgo y embarazo: una mirada a las trayectorias de amor y conflicto en mujeres adolescentes embarazadas. En Stern, C. y Echarri, C. *Salud reproductiva y sociedad. Resultados de investigación*. Ciudad de México: El Colegio de México.

Seed, P. (1991). *Amar, honrar y obedecer en el México colonial. Conflictos en torno a la elección matrimonial. 1571-1821*. Ciudad de México: Alianza/Conaculta.

Souza y Machorro, M. (1996). *Dinámica y evolución de la vida en pareja*. Ciudad de México: El Manual Moderno.

Stemberg, R. (1999). *El amor es como una historia*. Barcelona: Paidós.

Tuñón, J. (1997). Del modelo a la diversidad: mujeres y familias en la historia mexicana. En González, M. y Tuñón, J. *Familias y mujeres en México*. Ciudad de México: El Colegio de México.

Tuñón, J. (1998). *Mujeres en México. Recordando una historia*. Ciudad de México: Conaculta.

Capítulo 6

La familia con hijos pequeños

Luz de Lourdes Eguiluz

Ya mencionamos anteriormente que, una vez formada la pareja, requiere conciliar una serie de intereses para comenzar a caminar juntos. Ser pareja es crear una relación vincular que permita a cada uno seguir siendo uno, pero al mismo tiempo dejar un espacio para permitir la entrada de otro, ese otro que es tan diferente de sí mismo y que, precisamente por esa razón, se aprecia como valioso. Es abrir un espacio de unidad al mismo tiempo que se sigue conservando la individualidad. Es esta una tarea complicada, requiere paciencia, buena voluntad y, sobre todo, la fuerza del amor, capaz de romper con los más feroces egoísmos.

Minuchin (1983) señala que toda pareja unida con la intención expresa de construir una familia y perdurar en el tiempo posee funciones y tareas específicas vitales para el funcionamiento de la misma. Entre las características más importantes que requiere una pareja están la complementariedad y la acomodación mutua. El primer aspecto hace referencia a que cada miembro de la pareja debe desarrollar pautas que apuntalen la acción del otro haciendo que sus acciones se complementen; el segundo aspecto alude al modo en que tanto el esposo como la esposa deben ceder parte de su individualidad para ganar en pertenencia. A las personas sumamente independientes costará más trabajo que a otras permitirse ser complementario o completarse con las acciones del otro.

Poco a poco, la pareja va ganando en pertenencia, al formar una unidad construida con las diferencias entre uno y otro. Para consolidarse, la pareja requiere construir a su alrededor un límite que los proteja de las demandas y necesidades de otros sistemas sociales, como las respectivas familias de origen. Los adultos que forman la pareja deben construir un territorio psicosocial propio que los proteja y al mismo tiempo les sirva de refugio contra el estrés.

Murray Bowen (1989) habla de la importancia del vínculo emocional en el proceso de diferenciación humana. Afirma que dicho vínculo entre los esposos es semejante al que cada uno de ellos tenía con su propia familia de origen y específicamente con sus padres. Cuando la ansiedad y las tensiones emocionales aumentan, los movimientos triangulares crecen en frecuencia e intensidad. Las personas menos diferenciadas son movidas como peones por las tensiones emocionales. Los individuos mejor diferenciados son menos vulnerables a la tensión familiar (p. 248).

Si la pareja recién formada logra llegar a acuerdos que le permitan una buena convivencia, todo parecerá "miel sobre hojuelas", de manera que la llegada de un hijo no tiene por qué causar grandes trastornos. Sin embargo, cuando un bebé viene a la pareja sin que lo hayan meditado y decidido en forma madura, su presencia llegará a modificar y en muchos casos a romper los acuerdos logrados provocando, incluso, la disolución de los vínculos y el divorcio.

La pareja y la llegada del primer hijo

En la mayoría de las parejas, la llegada del primer hijo trastoca la relación, simplemente por el hecho de que se modifican los tiempos y horarios de las actividades más elementales: la hora de los alimentos, las horas de descanso, el tiempo de trabajo, el tiempo de compartir con la pareja, etcétera. También se trastornan una serie de actividades que antes se realizaban y ya no es posible seguir haciendo. Por ejemplo, escuchar música a gran volumen, dejar las ventanas abiertas a la hora de dormir o hacer el amor con la misma libertad de antes. A muchos adultos la llegada del primer hijo los transforma en gente egoísta que no está dispuesta a compartir con un extraño lo que ha conseguido –el amor y la atención total de su pareja–. Sin embargo, también hay matrimonios entre cuyas metas, desde que iniciaron la relación de pareja, está construir una familia y trascender a través de los hijos, de modo que la llegada de un bebé al seno de la pareja parece no causar extrañeza a nadie ni trastornar las expectativas respecto a la relación o el futuro que se habían propuesto.

Con el nacimiento del primer hijo, la pareja alcanza un nivel más complejo de funcionamiento familiar. Los límites construidos para proteger a la pareja deben transformarse para permitir el acceso del niño a ambos padres, pero al mismo tiempo sin que aquel llegue a interferir las relaciones conyugales.

En esta etapa, algunas parejas logran mantener una excelente unidad conyugal, aunque con grandes dificultades al permitir la entrada del bebé.

Aunque es más frecuente en la primeriza, también suele ocurrir que la madre se relacione de manera simbiótica con el bebé dejando fuera al padre. Tal situación puede provocar sentimientos de soledad, depresión y tristeza en la persona dejada a un lado, quien quizás enfoque estos sentimientos negativos en el recién llegado. Cuando el padre se siente relegado puede convertirse en un obstáculo para el buen funcionamiento de la dupla madre-hijo. Exigirá atención y reaccionará con violencia si no obtiene lo que quiere; es una especie de regresión del padre a etapas superadas hace muchos años, en las que se comportaba como niño caprichoso. Si esta situación persiste, será probable que la madre se refugie más en los cuidados del niño, mientras el padre se aísla y participa menos en las tareas relacionadas con el hijo.

Otro fenómeno complejo que puede ocurrir en parejas no bien avenidas es que el hijo recién llegado se incorpore al marco de los problemas de los padres, es decir, el niño pasa a formar parte del bando del padre o de la madre. De esto hablaremos más adelante, cuando hagamos referencia a las triangulaciones en las relaciones familiares.

A medida que el niño crece, la pareja también va aprendiendo el nuevo papel de padres y poco a poco perfecciona muchas de las actividades que realiza. Por ejemplo, la hora del baño del bebé resulta menos complicada y hasta la disfrutan. Darle de comer o acostarlo son también actividades en que ambos padres descubren lo agradable de dar y recibir, observar el crecimiento del niño e ir descubriendo el desarrollo de la inteligencia en cada señal de reconocimiento, en cada respuesta que el bebé va construyendo.

El sistema familiar es transformado con el desarrollo del bebé. Para los niños muy pequeños predominan las tareas de crianza y los padres, de una u otra forma, desarrollan sus capacidades para acomodarse a los requerimientos nutricionales, afectivos, lúdicos, biológicos y demás de su hijo. Al paso del tiempo, las actividades son cada vez más rutinarias y el comportamiento del niño y de sus padres empieza a ser previsible; comienzan a formarse los hábitos y las costumbres. Por ejemplo, si la madre observa que duerme más rápido al niño con una cobijita en la cara, repetirá esta conducta cuando quiera dormirlo y esto hará que el bebé adquiera la costumbre de dormir con una frazada sobre la cara. Ocurre lo mismo si el padre descubre que para introducir un alimento nuevo en la dieta del bebé, es más fácil ponerlo en la cuchara y, encima, la papilla ya conocida que sabemos que acepta el bebé. Así, y casi sin darse cuenta, está enseñando a su hijo a consumir alimentos nuevos combinándolos y el padre también está aprendiendo maneras más sencillas de enseñar a los niños a consumir algo nuevo.

Quiero hacer patente con estos ejemplos que el aprendizaje es mutuo: ambos están enseñando al otro, padres e hijos son influidos mutuamente, de manera que entre ambos están formándose pautas de interacciones recíprocas.

Ser padre es un proceso sumamente complejo; podríamos decir, sin temor a equivocarnos, que nadie lo termina a entera satisfacción y nadie lo atraviesa incólume.

En la época actual, al inicio de un nuevo siglo, los tiempos de crecimiento se han acortado, las diferencias tan notables entre hombres y mujeres se han estrechado, los roles de género ya no son tan claros ni tan rígidos y las brechas entre generaciones corresponden a intervalos cada vez más pequeños, de modo que las dificultades que implican la paternidad y la maternidad han aumentado.

Es también claro que un infante no podría sobrevivir sin cuidado y protección, sin las sustancias alimenticias que requiere, sin protección contra los peligros y agentes externos y sin ser arropado para protegerlo de los altibajos climáticos. Desde su aparición en el mundo, el ser humano —a diferencia de otros mamíferos— requiere cuidado y protección, es mucho más indefenso que otros seres vivos, por lo que los contactos sociales se hacen imprescindibles para su supervivencia.

Enseguida mencionaremos algunas etapas del desarrollo del niño, haciendo hincapié en las que se muestran claramente delimitadas por la aparición de algún rasgo específico o por circunstancias del contexto.

Desarrollo de la capacidad expresiva y aparición del lenguaje en el niño

Antes de que un niño logre entender a cabalidad el significado de todas las palabras usadas por los mayores, ha reunido una serie de impresiones generales acerca de sí mismo y del mundo que lo rodea, simplemente por el hecho de vivir en un medio social. Las expresiones faciales, los tonos de voz, el contacto físico, los movimientos corporales y hasta las tensiones musculares de los que lo rodean proporcionan al bebé una serie continua de señales que se convierten en mensajes con significado.

Los niños pequeños se mantienen particularmente atentos a los estados emocionales de los adultos significativos, especialmente la madre: si está apresurada y tensa, el bebé se comporta exigente, poco tolerante y no muy dispuesto a colaborar en el cambio de pañales, el baño o la comida.

En uno u otro grado, todos los niños responden al lenguaje corporal de las personas cercanas, porque le informan respecto al clima emocional que hay a su alrededor. Así, el niño aprende a acoplarse al entorno. Antes de la aparición del lenguaje propiamente dicho, aparecen como prerrequisitos tres comportamientos: la atención, la imitación y el seguimiento de instrucciones. Sin ellos no es factible que surja el lenguaje hablado. Para desarrollar cualquiera de las tres conductas mencionadas, el bebé ha tenido que atender en forma discriminatoria a los estímulos del medio ambiente. Esto significa que ahora es capaz de mantenerse observando o realizando una actividad durante un breve espacio de tiempo, reconocer su nombre cuando lo llaman, mirar el objeto que le indiquen o cumplir alguna instrucción sencilla. Cuando el niño puede realizar estas tres clases de conductas básicas, en distintas formas y acepciones, está mostrando su capacidad para el lenguaje.

Los adultos pueden notar fácilmente que el niño posee un lenguaje interno antes de poder expresarlo con palabras; esto se demuestra haciendo que señale en un libro objetos conocidos. Por ejemplo, si le piden que muestre dónde está el perro o le preguntan dónde está la pelota, él podrá identificar con el dedo los objetos solicitados antes de poder nombrarlos. También podemos pedirle que traiga determinado objeto (por ejemplo, "dame el carrito" o "lleva a tu papá la pelota") y el niño obedece las demandas como prueba de comprensión del lenguaje.

Muchos niños empiezan a decir sus primeras palabras entre el año y el año y medio, aunque puede haber algunos que no lo hagan hasta los dos años o más. Otros –sobre todo los hijos menores– pueden mostrar dificultades para pronunciar correctamente algunos fonemas, es decir, el sonido de algunas letras. Pero, de no haber problemas o malformaciones en el aparato fonador, el niño podrá con el tiempo y con algunos ejercicios especiales pronunciarlos correctamente y armar frases complejas para poder explicar el mundo que le rodea.

Cuando el bebé empieza a hablar, una serie de funciones mentales comienzan a hacerse patentes. Los padres tienen una clara respuesta de que el niño los comprende, sienten que pueden comunicarse con su hijo y este deja de ser solamente un pedacito de carne. Durante esta fase, las relaciones del niño y sus padres son más estrechas y firmes.

Hay que resaltar que para un niño ávido de aprender, los adultos y otras personas cercanas constituyen modelos en los cuales adquiere una serie de conductas, al mismo tiempo que son espejos donde aprende a mirarse, a valorarse y a estimarse como persona.

Todos "los niños se valoran a sí mismos, tal como han sido valorados por sus padres", señala Corkille (2000, p. 33), autora del libro *El niño feliz*, en el cual explica cómo los adultos cercanos especialmente los padres, actúan como una especie de espejos que permiten presentarle al niño una serie de imágenes de sí mismo que forman su autoestima, y también cómo estas imágenes pueden ser una trampa de reflejos negativos, que llevan a construir una autoimagen distorsionada de incapacidad, inutilidad, maldad, etcétera, perspectivas que dañan y acompañan a la persona durante toda su vida.

Virginia Satir (1993), quien fue una destacada terapeuta familiar, señala que el desarrollo es posible a cualquier edad, en la medida en que haya un contexto apropiado para ello. Las palabras son herramientas que los seres humanos utilizamos para dar y recibir información, pero no debemos olvidar que las palabras son solo abstracciones que representan ideas, sentimientos, pensamientos o percepciones. Las palabras son símbolos que sustituyen a aquello a lo cual se refieren. El símbolo no es lo mismo que "la cosa" o "la idea" o "la observación" que representa. Una misma palabra puede tener diferentes connotaciones.

El lenguaje, según Wallon (1994), significa para el niño un obstáculo o un instrumento al que puede intentar dar la vuelta o dominar; a través de la actividad, el niño logra dominarlo. En la interacción con el mundo, en el contacto con las cosas, en las relaciones que establece con sus padres, el niño va aprendiendo, por ensayo y error, el significado y el uso de las palabras.

Bruner (1990) desarrolló gran parte de su investigación observando cómo los niños pequeños son apoyados por los adultos para dominar el lenguaje que están adquiriendo. En esta empresa muy pronto se hace claro que el niño disfruta de un acceso privilegiado al lenguaje, que su entrada en él está sistemáticamente arreglada por la comunidad lingüística. También resultó evidente en las observaciones realizadas por Bruner que los niños, al intentar usar el lenguaje para conseguir sus fines, hacen mucho más que simplemente dominar un código: están negociando procedimientos y significados y, al aprender a hacerlo, están entrando en los caminos de la cultura y en los muy diversos de su lenguaje.

El ingreso del niño en la escuela

Como señalamos anteriormente, poco a poco la familia va acoplándose a la presencia del niño y las tareas se convierten en costumbres de las cuales suelen salir airosos. Es como si cada uno desarrollara un papel sumamente practicado y aprendido casi de memoria. A medida que el bebé crece, también crecen sus demandas para el desarrollo, pero los padres y el niño se acoplan y modifican mutuamente.

Cuando el comportamiento del niño se vuelve predecible, tiene un horario para comer y dormir, empieza a avisar para ir al baño (controla esfínteres), conocemos sus gustos al comer, puede darse a entender y comunicarse con sus padres y su medio extrafamiliar, se mantiene jugando de modo independiente es indicio de que es un buen momento para pensar en llevarlo a la escuela.

La guardería o el jardín de niños pueden ser excelentes lugares para la socialización del niño. Sin embargo, estos sitios deben ser seleccionados cuidadosamente por los padres. Es recomendable llevar al niño de visita cuando se está buscando el sitio adecuado, pues la opinión y el sentir del niño son de suma importancia. La etapa de desprendimiento no debe ser brusca, sino un proceso que permita al niño irse acostumbrando a estar alejado de la madre por un tiempo. Piaget (1982), el célebre psicólogo y epistemólogo, quien además fue un excelente observador del desarrollo de sus hijos, habla de una etapa en el desarrollo de la inteligencia, cercana al año y medio, en que el niño puede tener "constancia perceptual", es decir, mantiene en su memoria una imagen mental del objeto, a pesar de que este no se encuentre a la vista. Por ejemplo, si escondemos frente a sus ojos algún objeto, podrá, aunque no lo vea, saber que el objeto continúa en el mismo lugar donde lo metimos. De esta manera, el bebé aprende que si su madre desaparece de su vista volverá a aparecer, probablemente por el mismo lugar donde dejó de verla la última vez. Esta constancia perceptual permite al niño tener mayor seguridad en sí mismo y en el mundo que lo rodea.

Durante el proceso de socialización, el niño tiene que aprender a amoldarse a los requerimientos de la vida familiar, a equilibrar sus propias necesidades con las de los demás y a adaptarse a las exigencias que le va imponiendo la cultura en que participa.

Los padres contribuyen en gran medida a validar las capacidades del niño reconociendo sus logros, lo que contribuye a la formación de la autoestima. Sin embargo, la validación de los padres y educadores no implica una aprobación sin crítica de todo lo que el niño desea hacer. Este va adquiriendo un lugar en el mundo y descubre que no es el centro del universo, ni tampoco puede hacer todo lo que quiere. Siempre es necesario un nivel mínimo de frustración dentro de la educación del niño (Satir, 1993).

La unión de pareja y el matrimonio en sí están estructurados para dar bienestar a los hijos. Los seres humanos estamos orientados, desde que nacemos, a una conducta de apego que nos lleva a formar un lazo de unión. Como cualquier primate, dice Dominan (1996), nacemos de una relación uno a uno y la búsqueda de alternativas debe tener en cuenta nuestra necesidad de afecto y de formar lazos afectivos estables. Diversas investigaciones han demostrado que, para su sano crecimiento, los niños requieren estabilidad y seguridad, que generalmente son proporcionadas por una pareja de padres y una familia estructurada.

Hace varias décadas, el psicólogo Spitz demostró que los recién nacidos carentes de una figura protectora estable –una madre, una enfermera– son menos resistentes a diversos microbios y virus que los niños que sí la tienen. Los niños que carecen de una cuidadora estable resultan afectados en sus comportamientos sociales futuros, es decir, se muestran más tímidos e inseguros y presentan baja autoestima y depresión. Pueden incluso sufrir el problema conocido como marasmo, que no es en sí una enfermedad física, pero se manifiesta por decaimiento general, falta de apetito, baja actividad, disminución de peso corporal y, en caso de no atender el problema, puede llevar hasta la muerte.

El proceso de socialización implica la internalización de los valores, creencias y modos de ver el mundo que prevalecen en una sociedad, grupo o familia (Jones y Gerard, 1990). Este proceso opera desde el momento en que el niño nace y entra en contacto con otros individuos humanos. Como ya dijimos, los agentes socializantes más cercanos al niño son primero sus propios padres, además de otras personas que forman su grupo social. Cuando la internalización es efectiva, el individuo desea proceder como los demás quieren y esperan que se conduzca, como un miembro responsable de la sociedad. En sentido estricto, el proceso de socialización ocurre siempre que un sujeto se ajusta a los estándares de un nuevo grupo social. El ingreso del niño en la escuela acelera el proceso de socialización, permitiendo un mayor número de modelos para imitar.

Precisamente el contacto del niño con otros sistemas, además de favorecer el proceso de socialización e internalización de valores y comportamiento, permite que enfrente otros patrones de comunicación, conducta, valores, etcétera, que en ocasiones llegan a alterar sus propios códigos conductuales. Los padres cuestionarán los aprendizajes del niño si estos no concuerdan con los valores, estilos y normas conductuales que ellos han inculcado dentro de la familia. Pero también la escuela y los educadores pueden cuestionar los comportamientos aprendidos por el niño en su familia, que no corresponden con los que la escuela está tratando de enseñar al resto de los alumnos. Por ejemplo, algunos padres pueden enseñar al niño que deberá pegar a otro si lo molesta, mientras que la educadora en el jardín de niños le dice que si algún niño le pega no deberá contestar el golpe sino avisarle a ella. Ambas formas de educación se contraponen y provocan confusión en el niño, que no sabrá a quién obedecer. En otro caso, la madre permite que su hijo en la casa deje los juguetes desordenados después de haber jugado con ellos, pero en la escuela la maestra le dice que no podrá salir al recreo si no recoge todos los juguetes que sacó del armario.

La escuela es un sistema que puede ir al parejo de la familia en la educación del niño, pero también cuestionar las formas peculiares de educar de cada grupo familiar; incluso puede contradecir el estilo particular de entrenar al niño. Precisamente esta es una de las razones por las que debe seleccionarse con sumo cuidado la escuela y buscar una que promueva las formas y estilos de educación lo más parecido a los que se siguen en casa, y donde los valores y conductas inculcados sean afines a los que se fomentan en la casa.

La llegada de un hermanito

Para muchas familias, la edad propicia para buscar otro bebé son los tres años del primogénito. Sin embargo, debemos recordar que alrededor de los tres años el niño estará entrando a la escuela y esto puede generar una crisis en quien ha estado toda su vida apegado a la madre. Dejar a la madre puede convertirse en una tragedia difícil de superar y, si además el niño se siente abandonado o reemplazado por la llegada de un nuevo hermanito, la crisis aumentará.

Hay que preparar al niño para ambos sucesos, cada uno debe ocurrir como un proceso esperado, no como algo que sucede de pronto y toma al niño desprevenido y sin recursos para enfrentarse a la nueva situación.

Actualmente, muchas madres preparan a sus hijos para la llegada de un nuevo hermanito. Esto puede hacerse contándoles historias, leyéndoles cuentos que hablen de lo que está por venir, mostrándoles láminas de bebés recién nacidos y de niños que juegan y se divierten con sus hermanos; también invitando al niño para que acompañe a mamá a comprar las cosas para el nuevo bebé y pidiéndole que ayude a escogerlas. La intención es que el niño participe, desde antes del arribo del bebé, en los preparativos y cuidados necesarios.

Durante todo este periodo es recomendable observar cuidadosamente al niño, tratando de notar si algunos de sus comportamientos cotidianos se alteran; por ejemplo, puede volver a orinarse en la cama durante la noche, dejar de comer o hacer berrinches a la hora de la comida, chuparse el dedo o vomitar; su sueño también puede sufrir alteraciones y quizá no quiera ir a la cama o despertarse por tener pesadillas durante la noche. En todas estas circunstancias hay que tener mucha paciencia y mostrarse firme, pero sin olvidar el afecto que el niño requiere durante esta etapa de crisis. Es necesario que ambos padres traten de entender la importancia que tiene para el niño la llegada de un hermanito. El primogénito puede verlo como una amenaza de perder el amor, la atención y el cuidado de sus padres, pero también podemos enseñarle a ver el acontecimiento como algo positivo, como la oportunidad de tener a alguien con quien compartir y jugar, alguien a quien cuidar y enseñar muchas cosas que el mayor ya sabe y conoce.

Con la llegada del nuevo bebé, los padres tienen que hacer ajustes a las reglas ya establecidas para poder introducir al hermanito. Tienen que acomodar también los espacios físicos de la casa a la presencia del bebé. Todo ello requiere paciencia y flexibilidad. También la economía familiar se desequilibra: hay gastos de hospitalización, alimentación, ropa y enseres, pediatra y medicinas. La madre puede sufrir depresión posparto, problema más frecuente en madres de segundos partos, no solamente por consecuencias hormonales sino también porque la carga de trabajo aumenta, además de que en las primeras semanas no es fácil dormir toda una noche sin sobresaltos (Eguiluz [en prensa]).

El padre también resulta afectado por todo lo que ocurre en la familia, en ocasiones puede ausentarse de casa tratando de evitar la responsabilidad, recurre al trabajo extra o busca otros justificantes para no cumplir las demandas familiares. Pero este comportamiento no resuelve las dificultades de la crisis, tal vez las incrementará, y es muy probable que la mujer sienta que la abandona con una carga excesiva de trabajo. También el hijo mayor es afectado, en especial por los motivos que explicamos al inicio, asimismo como el reflejo de los conflictos que sus progenitores están viviendo como padres y como pareja.

Todo lo que le pasa a una familia, como a la que nos hemos referido, es explicable mediante uno de los conceptos sistémicos: *la totalidad*. Una característica de los sistemas, al estar compuestos por varios elementos distintos que interactúan, es que se afectan mutuamente. Lo que ocurre a uno repercute en el otro y muchas veces se potencia e incrementa su fuerza y duración, aunque también puede suceder que uno de los elementos neutralice la acción de los otros y disminuya el efecto de sus acciones.

Mientras las circunstancias cambian, las personas aceptan y se adaptan a las nuevas condiciones, probablemente haya periodos de inestabilidad y turbulencia semejantes al caos. Pero la convicción de que estos periodos pueden superarse, como pasos en la llegada del primer hijo, permitirá que de manera más sencilla las cosas vuelvan a tomar poco a poco su estado normal.

Es indudable que las repercusiones que pueden tener las diversas crisis de crecimiento por las que atraviesa el sistema familiar se magnifican o minimizan dependiendo de los recursos con que cuenta la familia, y uno de los principales es el amor que tengan entre ellos.

Bibliografía

Bowen, M. (1989). *La terapia familiar en la práctica clínica. Aplicaciones*, Vol. II. Bilbao: Desclée de Brouwer.

Bruner, J. (1990). *El habla del niño.* Aprendiendo a usar el lenguaje. Barcelona: Paidós.

Corkille, B.D. (2000). *El niño feliz. Su clave psicológica.* Ciudad de México: Gedisa.

Dominan, J. (1996). *Matrimonio. Guía para fortalecer una convivencia duradera.* Barcelona: Paidós.

Eguiluz, L. (2003). La vida emocional de las mujeres dentro del matrimonio. *Revista Sistémica*, 16(1).

Jones, E. y Gerard, H. (1990). *Fundamentos de psicología social.* Ciudad de México: Limusa.

Minuchin, S. (1983). *Familias y terapia familiar.* Ciudad de México: Gedisa.

Piaget, J. (1982). *Psicología de la inteligencia.* Buenos Aires: Nueva Visión.

Satir, V. (1993). *Psicoterapia familiar conjunta. Guía teórica y práctica.* Ciudad de México: Prensa Médica Mexicana.

Wallon, H. (1994). *La evolución psicológica del niño.* Ciudad de México: Grijalbo.

Capítulo 7

El adolescente en la familia y la escuela

José Gómez Herrera

Introducción

La adolescencia es un concepto muy reciente; desde el punto de vista biológico, la ubicamos a partir de la primera menstruación en las mujeres (pubertad) y de la primera eyaculación involuntaria en los varones, si bien en ella también influyen aspectos sociales, entre otros.

En otras épocas, por cierto, no muy lejanas, y también en otras culturas, el individuo pasaba prácticamente de la niñez a la adultez. En esos días, las personas crecían y ya estaban preparadas para el matrimonio y el trabajo. A las mujeres les enseñaban las labores del hogar; y a los varones, un oficio para que se convirtieran en hombres productivos y después en proveedores de una familia.

Conviene precisar que la palabra *adolescencia* proviene del latín *adolecere*, que significa "crecer". La consideramos "crecer hacia la madurez". Cada persona pasa de la condición de niño a la de adulto a través de la adolescencia, y el proceso que interviene es denominado *socialización* o *culturización* (Seller, 1979; Jahoda, 1982; Damon, 1983; Elliot, 1984; Argyle, 1996).

La adolescencia es una etapa de cambios físicos, emocionales y de búsqueda de valores propios, por ello hay una serie de conflictos entre los valores del adolescente y los de los padres, al igual que los maestros. Básicamente, los jóvenes viven dos tipos de conflicto: el primero implica lo que el adolescente tiene y lo que quiere tener, y el segundo es entre lo que son y lo que quieren ser.

Por esa búsqueda y definición de sí mismos, los adolescentes discuten y confrontan tanto a sus padres y maestros como a ellos mismos; además, se hallan en la etapa en que están decidiendo, explorando y, sobre todo, probando los límites que les impone la sociedad por medio de las figuras de autoridad.

La familia como contexto vital
del sano desarrollo del adolescente

La familia es un sistema dinámico e interdependiente (Bronfenbrenner, 1979; Minuchin, 1988, 1994; Rogoff, 1993; Henry, 1994; Llanes, 1996) en el que las acciones de unos influyen en las de los otros; esta influencia afecta en mayor o menor medida la calidad y estilo de las relaciones domésticas, ya sean internas de tipo parental (entre padre-madre e hijos), fraterno (entre hermanos) o conyugal, o sociales externas, en las que surgen procesos interpsicológicos de tipo afectivo: escolar, deportivo, religioso o circunstanciales. En los ciclos vitales de la familia es mucho más evidente y drástica esta afirmación cuando los hijos llegan a la adolescencia (Pick, 1991, 1996).

En la infancia, los padres forman la dupla más importante de influencia intelectual, afectiva y social en los niños. Conforme a esta premisa, podemos reconocer que los hijos dependen de sus progenitores desde la gestación, en áreas como salud, alimentación, descanso o diversiones, y aunque no existe una escuela para padres o madres y nadie enseña formalmente a educar a los hijos, el éxito escolar, social y afectivo de estos va íntimamente ligado a la calidad de la labor de ser padre y madre (Belart y Ferrer, 1998).

Cada hombre o mujer, en pareja o solo, enfrenta cotidianamente el enorme reto de ser guía y ejemplo de sus hijos, labor que cumple como obligación en algunos casos o compromiso en otros. En algunas situaciones, educar a hijos adolescentes origina un ciclo vital tormentoso y lleno de dudas, temores y obligaciones.

Por fortuna, en muchos casos la convivencia con hijos adolescentes es disfrutable y nos llena de experiencias que nos dan, como padres y personas, la oportunidad de crecer como hombres y mujeres mucho más plenos si convertimos este ciclo vital familiar en fuente de satisfacciones y alegría.

En todo el trayecto de la vida familiar cotidiana, las características de personalidad de la madre y el padre son el referente conductual inmediato para los hijos; es decir, sirven como modelo por seguir en el proceso de desarrollo psicológico (Cole, 1985; Vigotsky, 1978; Wallon, 1979; Wertsch, 1988), de ellos aprenden gestos, gustos, habilidades y estilos afectivos.

Estas características servirán como referente y criterio para elegir amigos entre los vecinos y compañeros de escuela, así como actividades deportivas, religiosas o artísticas, novios e incluso pareja para formar una familia. De igual manera, los estilos de crianza de los padres determinarán en mucho el estilo propio de los hijos cuando alcancen la paternidad o la maternidad.

En esta etapa, los agentes de influencia se amplían y diversifican. Las personas pasan de la infancia, en la que predomina la influencia de los padres y hermanos, a esta nueva fase, en la que los padres (vecinos, amigos y compañeros e incluso conocidos circunstanciales y extraños) son influencias significativas y, en circunstancias particulares, determinantes para nuestra cotidianidad o hasta para nuestras vidas.

Así, la personalidad de los adolescentes se va formando por las influencias de personajes significativos, en especial de sus progenitores. No es de extrañar que los jóvenes que viven constantes discusiones y agresiones conyugales terminen por aprender el estilo y contenidos de las acciones de sus padres (Capaldi, 1994; McLane, 1987).

El papel de padre o madre funcional implica el involucramiento constante de cada progenitor en las actividades cotidianas de sus hijos (Humphreys, 1999) y solo en la actividad cotidiana conjunta se transmiten los valores, costumbres y hábitos que los propios padres tienen y quieren ver reflejados en las acciones cotidianas de sus hijos (Heller, 1979). Algunos padres lo hacen de manera planeada y dirigida, en tanto que otros realizan estas actividades guiados por las costumbres y las mantienen mediante la rutina o la inercia.

La planeación de las actividades cotidianas implica, en todos los casos, un ejercicio de negociación de criterios, horarios, actividades personales y laborales de parte de los padres y, en el mejor de los casos, de toda la familia.

Por otro lado, en las familias donde alguno de los progenitores impone sus criterios y estilo personal de vida se presenta regularmente un sometimiento o consentimiento implícito, roto en ocasiones por el enfrentamiento u oposición circunstancial, sin pasar de la molestia o discusión coyuntural y sin llegar a discutir el meollo del asunto que sería, en todo caso, los hábitos, valores, costumbres o rutinas familiares implícitos.

En síntesis, podemos afirmar que los padres educan más allá de lo que suponen, y lo hacen con instrucciones y órdenes, pero sobre todo con el ejemplo (Coll, 1992; Corkille, 1996; Davies, 1998; Escamilla, 1996).

Algunos padres transmiten valores positivos por medio de sus pláticas y reflexiones; otros transmiten, aun sin saberlo, valores y actitudes negativos con sus propias acciones (Becker, 1977).

En la actividad conjunta de las díadas padre-hijo o madre-hijo, los adolescentes se apropian de las palabras, los gestos, los afectos, las actitudes y las acciones de sus padres, la cual ocurre a través de un proceso de imitación activa. La apropiación de las características de los padres es consciente e inconsciente, y así, sin darse cuenta, cada persona es convertida en una amalgama rica y variada de acciones de sus padres y el procesamiento personal de cada uno.

La función de padre o madre (Ciernes y Bean, 1996; Bronfenbrenner, 1979; McGillicuddi, 1982), además de ser una enorme responsabilidad social, implica que debe ser asumida con plena convicción por cada uno de los progenitores para cumplirla a cabalidad, esto da como consecuencia un sentimiento de solidaridad conyugal. De esta forma, la experiencia de paternidad proporciona un estado de satisfacción compartida.

En caso contrario, la paternidad es vivida más como una situación permanentemente conflictiva y llena de insatisfacciones, en la que solo se perciben obligaciones impuestas.

En toda familia funcional es requisito indispensable que la pareja viva una situación de armonía, respeto y comunicación; de no darse estas condiciones, cada progenitor tratará de guiar y educar a los hijos desde su propio punto de vista. En la mayoría de los casos, los criterios serán no solo diferentes sino también en muchos casos antagónicos, lo cual propiciará que los hijos queden en medio de una batalla campal por la búsqueda del poder y el control familiar, y puede presentarse una coalición entre uno de los progenitores y uno de los hijos en franca oposición al otro cónyuge.

En apariencia, el progenitor excluido de la coalición es el que pierde, pero en realidad ambos padres pierden la imagen de autoridad moral e intelectual, la unidad y armonía que los hijos tienen que percibir en ellos para aprender a respetarlos y dejarse guiar.

Los adolescentes pronto extienden sus fronteras culturales y sociales, en parte por los ritos de culturización en las instituciones educativas, en parte también por su tendencia a agruparse con otros, a quienes reconocen como sus iguales o pares.

La socialización entre adolescentes

La relación entre iguales está matizada por valores como compañerismo, lealtad, competencia y amistad; y durante la adolescencia estos valores contextualizan formas de interrelación que coexisten con los valores y afectos familiares. En algunos casos son un complemento nutricio y en otros una extensión de actitudes y acciones negativas (Covarrubias y Gómez, 1999; Rogoff, 1993; Sroufe, 1988).

En cualquier ámbito, los adolescentes regularmente se unen gracias a un proceso de empatía e identificación y aceptación de características. Algunos aspectos de cohesión social son el género, el lugar de residencia, la escuela, las actividades deportivas, la edad, la religión, las actividades políticas, el trabajo, etcétera.

La permanencia en estas formas de agrupación obedece a criterios de tipo afectivo y de un código ético regularmente implícito. En las agrupaciones de tipo nutricio, los criterios regularmente son de equidad, cooperación, lealtad, confidencialidad y reciprocidad; en las agrupaciones de tipo antisocial, los criterios regularmente son la lealtad obligada, la complicidad, la competencia con resentimiento y la ley del más fuerte.

La relación entre iguales proporciona a los adolescentes nuevas experiencias, con las cuales desarrollan nuevas habilidades sociales (Rodrigo y Palacios, 1999). Algunos desarrollan respeto, cooperación, competencia, lealtad y compañerismo en un ambiente y clima positivos; otros desarrollan habilidades en las mismas áreas, pero impregnados de valores y sentimientos negativos, como la complicidad, la deslealtad, la violencia y la prepotencia.

Como resultado de estas relaciones entre iguales, algunos adolescentes quedan unidos por un lazo afectivo de amistad y otros por un sentimiento de exclusión y resentimiento.

Uno de los espacios de convivencia más recurrente, duradero y constante son las aulas educativas, pues en ellas transcurre alrededor de un tercio del tiempo de vida de los adolescentes. Por ello, la relación con sus compañeros y maestros es relevante.

El adolescente en las aulas

En la relación cotidiana de las aulas de clase (Campione, 1988; González y Mitjans, 1989; Hargreaves, 1986), la mayoría de los adolescentes realizan un juego de reafirmación, que consiste en burlarse, ridiculizar, agredir verbal e incluso físicamente a los compañeros. Las consecuencias varían, pero implican un doble reto para los estudiantes adolescentes: no solo hay que cubrir los requisitos académicos, sino también hay que contar con una autoestima suficientemente fuerte para enfrentar la presión social de los compañeros de clase. Para los observadores inexpertos, la falta o renuencia de participación de los alumnos se debe en forma generalizada a desinterés, apatía, inhabilidad académica o social, e incluso a problemas de aprendizaje.

En las aulas de clase de cualquier nivel académico (sobre todo en la secundaria y la preparatoria), los maestros tenemos que aprender a diferenciar a un alumno que no quiere participar por miedo a la presión social de los compañeros que no participan por deficiencias académicas de un alumno que presente problemas de aprendizaje.

Regularmente la participación en un salón de clases no es voluntaria. Los adolescentes con alto grado de participaciones corresponden a dos tipos: uno se ubica entre los de mayor rendimiento académico y alta autoestima, y el otro es el que entra en franca rebeldía con las figuras de autoridad. El primero hará participaciones de tipo jocoso o académico, y el segundo cuestionará burlonamente o en forma irrespetuosa a sus compañeros y maestros (Shaffer, 1994).

Lo mejor que puede ocurrir a los adolescentes en la etapa de estudiantes es contar con maestros comprometidos con su trabajo, quienes ejercen su función con base en su autoridad intelectual y moral. Estos maestros son el apoyo emocional, intelectual y afectivo en las dudas, conflictos y curiosidades de los alumnos.

Un aspecto fundamental en el crecimiento intelectual y emocional de los adolescentes es el de la autoestima, tema que abordaremos a continuación.

La autoestima en los adolescentes

La autoestima es el juicio de valor que tenemos de nosotros mismos; es la capacidad de sentirnos hábiles e importantes; es también el grado de respeto y amor hacia nosotros mismos.

La persona con autoestima alta es capaz de reconocer sus logros, errores y limitaciones; en cambio, la persona con autoestima baja no es capaz de reconocer si hizo algo bien, esconde o justifica sus errores y a veces evade su responsabilidad al culpar a otros.

El origen de la autoestima es la familia. Si los hijos son educados con afecto y respeto, será más probable que crezcan sintiéndose amados e importantes, pero si los insultan, humillan, ridiculizan o los tratan con agresiones, será más probable que tengan baja autoestima, porque sentirán que no son importantes ni hábiles sino torpes e inútiles.

Todas las personas importantes son significativas para nosotros y contribuyen diariamente a reafirmar nuestra autoestima, dependiendo del tipo y calidad de sus juicios o retroalimentaciones.

La opinión de los otros contribuye a formar la imagen que tiene el adolescente de sí mismo. La autoimagen es la creencia o el conocimiento que tenemos de nosotros mismos, de nuestro cuerpo, acciones, actitudes y valores (Alcántara, 1996; Escamilla, 1996; Labouvie y Vief, 1989; Lindgren, 1972; Luria, 1980; Rodríguez, 1988).

Por otro lado, el nivel de autocrítica deviene del grado de conocimiento y aceptación de las normas sociales y de la congruencia que guarde nuestro comportamiento respecto de ellas. El ejercicio de la autocrítica positiva nos permite corregir nuestros errores y avanzar. Después de todo, nosotros tenemos la primacía en la autocrítica y en la corrección de nuestros errores, porque los demás pueden señalarlos, pero nosotros tenemos el derecho y la obligación de corregirlos.

Otro aspecto conflictivo en la vida de los adolescentes es la alimentación. Algunos comen de más, otros menos e incluso algunos llegan al extremo de casi no comer. Desde luego, estas situaciones tienen un sinfín de consecuencias desagradables en el cuerpo, la autoestima y las relaciones sociales.

Desórdenes alimenticios en la adolescencia

Son básicamente tres: *a)* obesidad; *b)* bulimia, y *c)* anorexia. Cualquiera de ellas genera una cantidad enorme de alteraciones en la salud y conflictos en la autoimagen y en las relaciones interpersonales; todos tienen en común una problemática de autoestima (Alcántara, 1996; Pick, 1996).

Es común que los criterios estéticos idealizados influyan sobre todo en las mujeres que quieren igualar la figura de las modelos, cantantes de moda o prototipos estilizados (el caso clásico es el adefesio ortopédico de las muñecas Barbie); para lograrlo aplican estrategias positivas, como aprender a comer controlando la ingesta de calorías o practicando algún deporte, o recurren a otras más agresivas, hasta patológicas, como la bulimia y la anorexia. Es conocida la tendencia de los jóvenes a consumir "alimentos chatarra" (con buen sabor y color, pero de baja calidad en su contenido nutricional), una de las causas de obesidad. A ello agregaríamos la ingesta excesiva con poca o nula actividad deportiva.

Bulimia
Bulimia es la acción repetida de ingerir alimentos excesivamente con largos periodos de abstinencia, o la autoprovocación del vómito inmediatamen-

te después de comer. Su origen se halla en la falsa creencia de que es un método efectivo para comer lo que sea y en la cantidad que se quiera sin aumentar de peso.

Lo que la mayoría de las adolescentes ignoran es que en cada secuencia ingesta excesiva-vómito, hay pérdida adicional de líquidos corporales que contienen sales minerales y jugos gástricos, lo cual provoca descompensación electrolítica y deshidratación, además de que genera un estado permanente de ansiedad.

El elemento psicológico implícito es que la persona rechaza su autoimagen, asociada a una baja autoestima. Este desorden alimenticio no implica necesariamente que el paciente en realidad tenga sobrepeso u obesidad: basta que el adolescente lo crea.

Síntomas conductuales del adolescente con bulimia

- Hartazgos de comida por lo menos dos veces a la semana
- Vómitos autoprovocados
- Chupar y escupir la comida
- Almacenamiento de alimentos y vomitivos
- Consumo compulsivo de chicles sin azúcar y cigarrillos
- Consumo excesivo de agua, café, leche y bebidas *light*
- Uso indiscriminado de laxantes, enemas y diuréticos
- Aumento del ejercicio físico con el único fin de quemar calorías
- Irritabilidad extrema
- Vida social intensa con intervalos de aislamiento

Síntomas emocionales del adolescente con bulimia

- Pánico de engordar
- Devaluación de la imagen corporal
- Compulsión por perder peso
- Negación de sus síntomas como enfermedad
- Sensación persistente de hambre
- Sueños recurrentes de comilonas
- Dificultad para concentrarse y aprender
- Sensación de culpa constante
- Baja autoestima
- Egocentrismo acentuado
- Variaciones rápidas de estado de ánimo

Síntomas físicos del adolescente con bulimia
- Fatiga y pérdida de energía física
- Amenorrea y menstruación irregular
- Neuralgias recurrentes
- Deshidratación
- Ciclos de diarrea-estreñimiento
- Arritmias
- Depresión o melancolía
- Pérdida de cabello
- Erosión del esmalte dental
- Lesiones renales y hepáticas
- Cara hinchada e hipertrofia de las glándulas parótidas
- Hipotensión
- Dolor de pecho
- Úlcera péptica y pancreatitis
- Dilatación y ruptura gástricas
- Anemia
- Calambres y mareos
- En casos crónicos, infarto y muerte

Anorexia

Anorexia es la acción de autolimitar la ingesta de alimentos y líquidos. De acuerdo con la Organización Mundial de la Salud, es una enfermedad caracterizada por pérdida deliberada de peso, inducida o mantenida por el propio enfermo. La rápida desnutrición o malnutrición ponen en riesgo su salud.

Síntomas conductuales del adolescente con anorexia
- Rechazo voluntario de los alimentos con muchas calorías
- Preparación de los alimentos solo por cocción o a la plancha
- Disminución notable de la ingesta de líquidos
- Conductas alimentarias extrañas, como cortar los alimentos en trozos muy pequeños, estrujarlos, lavarlos, esconderlos y tirarlos
- Disminución de las horas para dormir
- Mayor irritabilidad
- Aumento de la actividad física para incrementar el gasto energético (ejercicio compulsivo)
- Uso de laxantes y diuréticos
- Vómitos autoinducidos

- Aislamiento social
- Reconocimiento compulsivo a las figuras muy esbeltas

Síntomas emocionales del adolescente con anorexia
- Negación de las sensaciones de hambre, sed, fatiga y sueño
- Calificación negativa de la autoimagen corporal
- Miedo o pánico a subir de peso
- Negación de los síntomas como enfermedad
- Dificultad para concentrarse y aprender
- Desinterés sexual
- Desinterés por actividades lúdicas
- Autoexamen compulsivo de la imagen corporal y del peso corporal

Síntomas físicos del adolescente con anorexia
- Pérdida notable de peso
- Fatiga
- Piel reseca y descamada
- Cabello quebradizo
- Neuralgias frecuentes
- Deshidratación
- Amenorrea
- Arritmias y bradicardias
- Hipotermia (pies y manos frías)
- Osteoporosis
- Insomnio
- Infertilidad
- Alteraciones dentales (caries y caída de piezas dentales)
- Estreñimiento recurrente
- Edema (retención de agua)
- Daños renales y hepáticos
- En casos muy graves, infarto y muerte

Obesidad

Otro tipo de desorden alimenticio muy frecuente entre los adolescentes es la obesidad, más generalizado en varones y jovencitas a diferencia de la bulimia y la anorexia, más comunes entre las mujeres (en una proporción de diez a uno). Consiste en la acción de ingerir alimentos en exceso, de todos los grupos alimenticios o prioritariamente grasas, azúcares y harinas.

Los efectos psicológicos asociados a la obesidad son baja autoestima y autoimagen negativa.

El origen psicológico de la obesidad puede ser un estado depresivo, autoagresión o ansiedad y su origen social puede ubicarse en patrones culinarios domésticos inadecuados o ingesta de alimentos entre comidas, o en la influencia de la publicidad sobre los criterios para consumir cierto tipo y cantidad de alimentos (bebidas gaseosas, frituras, hamburguesas, pastelillos, dulces) y especialmente la falta de ejercicio físico.

Los efectos adversos en los adolescentes en cuanto a salud son:
• Hipertensión
• Infartos
• Propensión a la diabetes
• Várices
• Arritmias
• Agotamiento
• Sofocamiento

En el plano social, los adolescentes obesos son objeto de burlas, bromas e insultos y segregación, entre otras circunstancias.

Ante este desorden alimenticio, la pregunta es: ¿cómo sabemos que tenemos peso promedio, sobrepeso u obesidad? La respuesta es simple, pues resulta que nuestro peso corporal se puede calcular y calificar mediante el principio del índice de masa corporal (IMC), que asocia la talla y la masa de un individuo::

La fórmula matemática divide nuestro peso en kilogramos entre el cuadrado de nuestra estatura en metros, lo que es igual a IMC.

Por ejemplo, si un adolescente pesa 76 kilogramos y mide 1.60 metros de estatura, su IMC será igual a 29.68. La regla dice que si el IMC es igual o superior a 30, deberá considerarse obesidad; por tanto, como el peso está en un valor ligeramente inferior, se estima solo sobrepeso.

En general, si el IMC está en el rango de 25 a 29.9, podremos hablar de sobrepeso. El IMC entre 20 y 24.9 se considerará un peso normal. Pero si el índice es menor a 18, hay un problema de malnutrición o desnutrición.

Otro tema relevante en el estudio de la adolescencia es el referido a los desórdenes en la socialización, particularmente la antisocialidad y la delincuencia.

Antisocialidad y delincuencia en adolescentes

En la adolescencia es muy fácil cruzar la delgada línea que separa a las bromas y las travesuras de los actos antisociales o delictivos, como sustraer objetos, destruir o deteriorar intencionalmente propiedad ajena u otros.

Esta situación es más probable en el caso de los adolescentes que viven en un hogar cuyas reglas no son claras ni consistentes, sobre todo en los adolescentes cuya familia maneja un patrón de crianza permisivo (Bawmrind, 1973; Stiper, 1992). O sea, la misma acción a veces es ignorada, en otras es castigada e incluso en otras puede ser festejada o premiada. Esto da como resultado muchachos voluntariosos y sin límites, con baja o nula autocrítica y sin sentimientos de culpa o remordimiento.

Tales individuos quizá pronto se involucren en problemas legales y vivan la experiencia con sentimientos de incomprensión y victimización lo que cierra el círculo vicioso entre resentimiento y antisocialidad.

Parte de los riesgos que enfrentan cotidianamente los adolescentes son las adicciones. Hoy el acceso a cualquier droga es más fácil y común de lo que suponemos y esperaríamos los adultos, por ello resulta importante abordar brevemente el tema.

Adicciones entre los jóvenes

Entrar en el mundo de las adicciones blandas es más fácil de lo que los adultos suponernos. Los jóvenes aprenden a fumar y consumir bebidas alcohólicas en la familia y en cualquier fiesta (Lafarga, 1992; Miller y Loncar, 1997).

Los adolescentes están permanentemente bombardeados por anuncios y comerciales que promueven la falsa idea de que al consumir, ingerir o usar estos productos se convertirán en jóvenes sanos, divertidos y exitosos socialmente.

Los adolescentes llegan a creer que el consumo de drogas blandas (alcohol y tabaco) es una acción definitoria del adulto y, ya que ellos están en la transición de niño a adulto, eligen como modelos a sus padres, abuelos, actores, cantantes, etcétera, a toda persona que socialmente represente para ellos el "deber ser" como adultos. Al asociar valor o prestigio social a estas acciones, aprenden a fumar, a ingerir bebidas alcohólicas, a consumir tranquilizantes, pastillas para dormir, anfetaminas y demás drogas.

El paso a las drogas duras (cocaína, heroína, ácidos, marihuana y otras) es solo cuestión de tiempo y oportunidad. Este ingreso en la drogadicción resultará favorecido sobre todo si ocurre la desintegración familiar, el relajamiento de los valores y la falta de orientación y supervisión paterna, materna e incluso tutorial (de profesores).

Los adolescentes más frágiles y propensos rebasan los límites sociales de la diversión y quieren seguir la fiesta a costa de cualquier experimento y precio, esto ocurre también con los jóvenes que pasan por períodos depresivos.

Los adolescentes que pertenezcan a una familia integrada, que convivan positiva y afectivamente con ella y con sus compañeros y amigos, encontrarán que para divertirse y disfrutar no necesitan ninguna adicción (dura o blanda); estos jóvenes hallarán satisfacción y diversión en fiestas, artes, deportes, reuniones familiares y con amigos.

La variedad de las adicciones hoy es más amplia; además del alcoholismo y la drogadicción, tenemos que considerar Internet y los juegos de video, actividades clasificadas como adicciones cuando pasan de ser un entretenimiento o herramienta de trabajo y se vuelven actividades preponderantes, recurrentes, que no pueden suspenderse de forma voluntaria ni con facilidad y que compiten o sustituyen las actividades sociales, escolares o productivas y crean dependencia.

Una problemática más que afecta a los jóvenes en la adolescencia es la referida a sus afectos y estados anímicos, los cuales abordaremos a continuación.

Depresión en adolescentes

La depresión en esta etapa (Dweck y Legget, 1988) es un estado recurrente y común, manifestado como un sentimiento de tristeza, apatía e inapetencia. El estado depresivo podrá ser pasajero si el adolescente cuenta con un soporte familiar positivo o con el apoyo moral de los amigos, o puede instalarse como una condición crónica si se carece de estos apoyos o de una autoestima positiva y fuerte.

La depresión durante la adolescencia tiene diferentes causas, como fracaso escolar, decepciones amorosas, pérdida de un amigo o familiar e incluso mascotas, o el cambio de domicilio o de escuela. Casi cualquier situación puede motivar un estado depresivo en los jóvenes; sin embargo, así como son variadas las causas, también puede salir rápidamente de esta condición al conseguir un nuevo amigo o pareja, obtener mejores notas escolares, recibir premios o reconocimientos, etcétera.

El desarrollo hormonal y social de los adolescentes pronto propicia que deseen vivir su sexualidad de manera activa, y en estas circunstancias aparece una nueva problemática en los menores de edad: el embarazo.

Embarazo temprano en las adolescentes

Lo tradicional en la formación de pareja es seguir un proceso que podemos resumir en tres etapas: cortejo o noviazgo, integración afectiva y formalización.

La transformación de la pareja en familia es en la mayoría de los casos un acto no planeado, circunstancial y fortuito. En contadas ocasiones, las parejas planean el nacimiento, el número y el espaciamiento de los hijos, sobre todo del primero.

Es más común que las parejas de adolescentes se vean obligadas a unirse formalmente por embarazos no planeados, sobre todo en estos tiempos en que entrar en una pareja no implica el plano convencional de establecer un noviazgo como antesala del matrimonio. Hoy, la formación de pareja transcurre más en el plano de "divertirse juntos" que en el de conocer a la pareja para formalizar una familia.

La consecuencia evidente es el gran número de embarazos no planeados y la formación de parejas-familia de manera circunstancial y por obligación moral, religiosa o legal, que sobre todo promueven los padres de las jovencitas.

Repercusiones en el desarrollo físico de adolescentes embarazadas

- Se detiene el crecimiento físico
- El cuerpo se prepara para la maternidad (cuerpo pequeño con cadera muy amplia)
- Mayor probabilidad de tener hijos con síndromes
- Alta probabilidad de tener hijos con malformaciones genéticas
- Descalcificación
- Hipertensión arterial

- Caries
- Desnutrición materna y del hijo
- Caída del arco del pie en el hijo
- Várices
- Estrías en el vientre

Repercusiones psicológicas del embarazo en la adolescencia

- Depresión
- Rechazo social
- Promiscuidad
- Ausencia de pareja
- Maternidad en soltería
- Dependencia emocional paterna
- Fracaso y deserción escolar
- Acortamiento del ciclo de vida como adolescente
- Adultez impuesta
- Inmadurez emocional para educar al hijo

Ante este nada halagüeño panorama, una aportación del presente trabajo es tratar las influencias básicas y efectivas en el desarrollo de adolescentes sanos. El método más recomendable en la formación efectiva, positiva y nutricia de los adolescentes debe considerar, como mínimo, los siguientes cuatro aspectos:

1. La práctica de un deporte en equipo.
2. El aprendizaje de un arte.
3. La participación supervisada en una buena escuela.
4. Un patrón de crianza perentorio en la convivencia familiar.

Del deporte aprenderán disciplina y espíritu competitivo, del arte sensibilidad, de la escuela conocimientos y de la familia los valores y hábitos que los acompañarán y guiarán toda la vida.

Así, los adolescentes crecerán conociendo las reglas y los límites familiares, escolares y sociales, además serán jóvenes conscientes de los premios y de los castigos. Las relaciones familiares que se caracterizan por su alto contenido de camaradería, afecto recíproco, respeto y confianza y que están reguladas por guías claras dan como resultado adolescentes sanos física y emocionalmente.

En el estilo de crianza conocido como perentorio o nutricio, el padre guía afectivamente a sus hijos, fundamenta las reglas de convivencia, convence y explica, pero sobre todo crece junto con ellos cotidianamente, de igual manera impone reglas claras de premios y castigos, y los aplica de manera justa y oportuna. Este es el patrón de crianza deseable y recomendado (Stone, 1980; Turner, 1986).

El adolescente que vive en una familia funcional

La administración del tiempo en las familias funcionales debe considerar al menos los siguientes aspectos:

- Tiempo de trabajo (ya sea doméstico o remunerado)
- Tiempo de convivencia familiar
- Tiempo de relación de pareja
- Tiempo personal

Respecto al tiempo dedicado al trabajo, durante la jornada laboral el padre o la madre trabajadores solo deberían ser interrumpidos en caso de emergencias, lo cual les permitirá eficiencia y desarrollarse laboralmente.

En el tiempo dedicado a la convivencia familiar, es recomendable que las pláticas de sobremesa sean utilizadas para generar la comunicación y convivencia domésticas, que permitirán conocer los detalles de las vidas personales de cada integrante de la familia, además del involucramiento afectivo fraterno y parental.

En muchos casos, la pareja pierde tiempo de convivencia. Las salidas al cine, a bailar, a bares, a reuniones con amigos e incluso los paseos y vacaciones deben convertirse en tiempos de convivencia familiar, lo cual deja la sensación de que la familia todo lo abarca y absorbe; sin embargo, es necesario conservar esos pequeños momentos que integran y mantienen los lazos afectivos de toda pareja funcional y emocionalmente estable.

Por otro lado, permitir que cada uno de los integrantes de la familia tome un espacio y tiempo personal es indispensable. Así, el adolescente escuchará su música, verá sus películas y videos o tendrá largas conversaciones en persona o por teléfono, mientras que los padres, juntos o por separado, verán a sus amigos, realizarán ejercicio, disfrutarán de un pasatiempo o simplemente descansarán.

Un criterio común a toda esta clasificación del tiempo es no traslapar los de cada uno. De ocurrir, lo más probable es que cause conflictos. ¿Qué pasaría si el adolescente quiere escuchar su música a todo volumen a la hora de la comida, o si el día que los padres acordaron ir en pareja al cine uno de los dos lo olvida e invita a los vecinos o amigos a cenar? Una familia funcional comienza con una pareja que tenga comunicación, respeto, cortesía, armonía y afecto (Eguiluz, 2001).

Quizá no exista la pareja perfecta. Debemos reconocer que en todas las parejas surgen desacuerdos y conflictos. ¿Cuál es la diferencia central entre una pareja funcional y otra que no lo es? La primera sabe negociar sus diferencias, escucha al otro y, cuando discute, no intenta vencer ni ganar sino argumentar y convencer. Las parejas funcionales no discuten con la intención de lastimarse, también saben perdonarse y reconocer cuando uno se ha equivocado.

Conclusiones

Regularmente, los adolescentes viven los cuidados, las reglas y las preocupaciones de los padres como sobreprotección o desconfianza; pocos descubren que una de las funciones de los padres es velar por la seguridad física y emocional y que por esas razones tratan de estar atentos a sus actividades cotidianas o extraordinarias. Y con esos cuidados los adolescentes toman conciencia de las reglas, los riesgos y los límites sociales. Algunos aprenden las reglas y limitaciones y las aplican en casi todas las situaciones; otros simulan que escuchan y atienden las reglas, pero en cuanto están fuera de la vista de sus padres de inmediato empiezan a explorar nuevas actividades.

Es clásica la actitud de los adolescentes de arriesgar el físico, la salud e incluso la vida en la exploración de nuevas experiencias y actividades. El enorme reto para padres y maestros es guiarlos, corregirlos y aprender junto con ellos a vivir su adolescencia en los dos ámbitos formativos más importantes de esta etapa de la vida: la familia y la escuela.

Bibliografía

Alcántara, J. (1996). *Cómo educar la autoestima*. España: CEAC.

Argyle, M. y Tower, P. (1980). *Tú y los demás: formas de comunicación*. Ciudad de México: Harla.

Bawmrind, D. (1973). The Development of Instrumental Competence Through the Socialization. En Pick, A. (ed.). *Minnesota Symposia on Child Psychology*, Vol. 7. Mineápolis: University of Minnesota Press.

Becker, W. (1974). *Los padres son maestros*. Ciudad de México: Ciencias de la Conducta.

Bronfenbrenner, U. (1979). *The Ecology of Human Development. Experiments by Nature and Design*. Cambridge: Harvard University Press.

Campione, C. (1988). Estrategias cognoscitivas y afectivas de aprendizaje. *Revista Latinoamericana de Psicología*, 20(2), 163-205.

Capaldi, D., Fortgatch, H. y Crosby, L. (1994). Affective Expression in Family Problem-Solving Discussions with Adolescent Boys. Special Issue: Affective Expression and Emotions during Adolescence. *Journal of Adolescent Research*, 9(1), 28-49.

Clemes, H. y Bean, R. (1996). *Cómo desarrollar la autoestima en niños*. Madrid: Debate.

Cole, M. (1985). The Zone of Proximal Development: where Culture and Cognition Create Each Other. En Wertch, J. (ed.). *Communication and Cognition: Vygotskian Perspectives*. Cambridge: Cambridge University Press, pp. 124-136.

Coll, C., Columina, R., Ontubia, J. y Rochera, J. (1992). Actividad conjunta y habla: una aproximación al estudio de los mecanismos de influencia educativa. *Infancia y aprendizaje*, 59(60), 189-232.

Corkille, B. (1996). *El niño feliz*. España: Gedisa.

Covarrubias, A. y Gómez, H. (1998). La autoestima materna y el desarrollo del niño. En *Psicología de la familia*. Ciudad de México: UNAM-Iztacala.

Damon, W. (1983). *Social and Personality Development Infancy Through adolescence*. Nueva York: International Press.

Davies, P. y Cummings, M. (1998). Exploring Children's Emotional Security as a Mediator of the Link Between Marital Relations and Child Adjustment. *Child Development, 69*(1), 124-139.

Demo, D., Small, S. y Savin-Williams, R. (1987). Family Relations and the Self-Esteem of Adolescents and Their Parents. *Journal of Marriage and Family*, 49(1), 705-715.

Dweck, R. y Legget, J. (1988). A Social Cognitive Approach to Motivation and Personality. *Psychological Review*, 95(2), pp. 256-273.

Eguiluz, L.L. (2001). *La relación de pareja funcional desde el modelo socio-constructivista* [Tesis de Doctorado, Universidad Iberoamericana].

Elliot, G. (1984). Dimensions of the Self Concept: A Source of Further Distinctions in the Nature of Self Consciousness. *Journal of Youth and Adolescence*, 13(4), 285-307.

González, R. y Mitjans, M. (1989). *La educación y el desarrollo de la personalidad*. La Habana: Pueblo y Educación.

Hargreaves, H. (1986). *Las relaciones interpersonales en la educación*. Madrid: Nacea.

Heller, A. (1979). *Sociología de la vida cotidiana*. Ciudad de México: Fontamara.

Henry, M., Janaway, C. y Kagan, F. (1990). *Desarrollo de la personalidad en el niño*. Ciudad de México: Trillas.

Labouvie-Vief, G., Hakim-Larson, J., De Voe, M. y Schoeberlein, S. (1989). Emotions and Self-Regulation: A Life Span View. *Human Development*, 32(5), 279-299.

Lafarga, C. y Gómez, C. (1992). *Desarrollo del potencial humano*, Vol. 4. Ciudad de México: Trillas.

Lindgren, H. (1972). La autoestima y la evaluación de los demás. En *Introducción a la psicología social*. Ciudad de México: Trillas.

Llanes, R. (1996). *Los padres como promotores del desarrollo humano* [Tesis de Maestría, Universidad Iberoamericana].

Luria, A. (1980). Autoanálisis y autoconciencia. En *Los procesos cognitivos: análisis sociohistórico*. Barcelona: Fontanela.

McLane, J. (1987). Interaction, Context and Zone of Proximal Development. En Hickman, M. (ed.). *Social and Functional Approaches to Language and Thought*. Nueva York: Academic Press.

Miller-Loncar, L., Smith, K y Swank, J. (1997). The Role of Child Centered Perspectives in a Model of Parenting. En *Journal of Experimental Child Psychology*, 66(3), 341-361.

Pick, S. (1991). *Planeando tu vida*. Ciudad de México: Noriega.

Pick, S. (1996). *Yo adolescente*. Ciudad de México: Ariel Escolar.

Rodrigo, M. y Palacios, J. (1999). *Familia y desarrollo humano*. Ciudad de México: Alianza.

Rodríguez, M., Pellicer de Flores, G. y Domínguez, E. (1988). *Autoestima. Clave para el éxito personal*. Ciudad de México: El Manual Moderno.

Rogoff, B. (1993). *Aprendices del pensamiento. El desarrollo cognitivo en el contexto social* Barcelona: Paidós.

Shaffer, D. (1994). *Becoming an Individual: Development of the Self.* California: Brooks/Cole Publishing Company.

Sroufe, L. y Flesson, J. (1988). The Coherence of Familiy Relationships. En Hinde, R. y Hinde, S. *Relationship Within the Families Mutual Influences.* Oxford: Clarendon Press.

Stiper, D., Mirburn, S., Clements, D. y Daniels, D. (1992). Parents' Beliefs About Appropiate Education for Young Children. *Journal of Applied Developmental Psychology*, 13(3), 293-310.

Stone, L. y Church, J. (1980). *Psicología y psicopatología del desarrollo.* Barcelona: Paidós.

Turner, L. (1986). *El niño frente a la vida. Entrenamiento, competencia y cognición.* Buenos Aires: Morata.

Vygotsky, L. (1979). *El desarrollo de los procesos psicológicos superiores.* Barcelona: Crítica, Grijalbo.

Wallon, H. (1979). *La evolución psicológica del niño.* Ciudad de México: Grijalbo.

Wertsch, J. (1988). *Vygotsky y la formación social de la mente, cognición y desarrollo humano.* Barcelona: Paidós.

CAPÍTULO 8

Los adultos mayores: un reto para la familia

Ana Luisa González-Celis Rangel

Los adultos mayores en el contexto de la familia

La experiencia de la vida familiar es dada siempre en un contexto social estructurado e históricamente definido. Los sistemas de valores y creencias vigentes en una sociedad regulan la trama de las relaciones sociales y familiares, pero solo la representación de la familia en tanto construcción social define las conductas de los actores y regula sus acciones y emociones. La familia contemporánea, que destaca la autonomía del individuo, está centrada en las personas y en la calidad de las relaciones interpersonales para definir la naturaleza de sus vínculos.

Abordar la problemática del envejecimiento como proceso demanda conocer el papel del viejo dentro de la estructura y la dinámica familiar, la naturaleza de las relaciones con los hijos y las formas de la solidaridad intergeneracional, como elemento fundamental para el análisis de la calidad de vida en la vejez.

La familia continúa siendo el mejor recurso de apoyo, a pesar de la creencia generalizada de que los ancianos viven aislados y lejos de los vínculos familiares y de que la atención a los padres de hijos adultos ha disminuido en las últimas décadas. Es a partir de esta realidad que surge la necesidad de estudiar la problemática de la vejez desde el espacio familiar contemporáneo (Buendía, 1999).

Con diversas modalidades, la familia conyugal o nuclear ha existido siempre. La visión evolucionista del tránsito de la familia tradicional (caracterizada por grupos domésticos extensos y complejos) a la nuclear actual es dominante en muchos análisis, para algunos como símbolo de decadencia, o para otros como signo de progreso, o como el más adecuado al desarrollo de la sociedad industrial, pues genera nuevas formas de solidaridad, incluidas las relaciones de parentesco.

El papel de los ancianos

Vivir más años ha prolongado el tiempo para detentar estatus y representar roles familiares. Además de los estatus y roles como padres prolongados en el tiempo, también tienen lugar los que corresponden a los abuelos o a la *abuelidad*. La prolongación de la vida permite a los ancianos conocer a sus nietos como niños, adolescentes, jóvenes e incluso como padres y madres.

Por otro lado, debido a que los nuevos papeles entre los miembros en la estructura familiar multigeneracional aumentan en el tiempo, también surgen oportunidades nuevas para crear lazos afectivos más intensos. Hay más tiempo para compartir experiencias entre los miembros de las diversas generaciones y el menor número de familiares puede conllevar mayor facilidad de implicación en el grupo familiar.

La revolución demográfica, matizada por un descenso de la mortalidad y el aumento de la esperanza de vida, así como la disminución de la fecundidad, ha producido modelos diversos en las estructuras y roles intergeneracionales. Por ejemplo, ha aumentado la diversidad de las formas familiares, normas y costumbres, lo cual conlleva a la producción de gran heterogeneidad en cuanto a la situación de las personas ancianas en sus relaciones familiares.

En la familia actual, el viejo no cumple el supuesto papel de portador de la tradición; sin embargo, permite sostener el linaje y fijar las raíces de la identidad para los más jóvenes, como nietos y bisnietos. La familia funcional exige continuidad entre el pasado y el futuro. Se reconoce en la historia que da a las raíces e identidad de sus miembros y es capaz de proyectarse en las generaciones más jóvenes.

El equilibrio se expresa en el presente y en el interjuego de las generaciones. Solo en el contexto de la historia familiar es posible comprender la singularidad de sus miembros. El envejecimiento familiar obliga a tomar conciencia del envejecimiento de los padres, lo que significa hacerse cargo del propio envejecimiento.

La dependencia es uno de los temas más críticos frente a la vejez y a la familia que envejece, afecta fuertemente la relación con los hijos y remite al planteamiento confuso de la reversión de roles. La organización familiar se tambalea cuando el anciano independiente pierde su autonomía. La literatura suele atribuirlo a otras crisis vitales. El anciano lucha por conservar el dominio de su vida y, por ende, de su autoestima con obstinación similar a los caprichos infantiles, incluso suele hablarse impropiamente de regresión, concepto que, utilizado para hacer referencia al viejo, adquiere múltiples connotaciones negativas.

Hablar de roles revertidos entre hijos y padres en la vejez lleva a confusión, porque el viejo atravesó la adultez, desempeñó más de un papel, de hijo y de padre, y sigue siendo el padre, con la inevitable declinación física en algún punto de su trayecto. Un viejo no puede asimilarse a la imagen de un niño, ni nunca será el hijo de su hijo; aun en su fragilidad, sigue siendo el padre con su historia familiar (Moragas, 1995).

El hombre que envejece conserva su adultez emocional y su conducta debe ser significada en el contexto de una larga historia de vida. Cuando la enfermedad irrumpe en su ciclo vital o sobreviene la discapacidad, el conflicto adquiere un tono diferente, que se agravará si se trata de una enfermedad crónica. El problema está allí y es necesario reorganizar el sistema familiar. La situación es más difícil cuando el viejo ha sido una persona independiente.

Para un anciano, perder la independencia es perder el control de su propia vida. Afecta fuertemente sus sentimientos de autoestima. Muchas veces, la dependencia aceptada por los padres con historia de autonomía puede ser una forma más sutil de controlar a los hijos al generar dependencia familiar.

En las familias con relaciones rígidas, el cambio es vivido como una amenaza. Esta situación es más evidente en la familia multigeneracional, en la que no permiten a los viejos cambiar sus roles o planear nuevos proyectos, y la persona es encasillada para que envejezca dentro de los estereotipos vigentes. Así, todo intento por evadir los papeles asignados por la familia o toda tentativa de negociar serán rechazados o descalificados.

La distribución rígida de roles entre los diferentes hijos suele asignar a uno de ellos el papel de "cuidador" de los padres. Las familias suelen confabularse para sostener esta situación. Si el hijo no asume o deja de asumir el rol asignado, el padre anciano se sentirá traicionado y terminará por acusarlo de maldad, apoyado por la familia. Por transgredir la norma, el hijo corre el riesgo de ser marginado o expulsado. Este hecho puede favorecer por un corto periodo la cohesión del grupo. Por tal motivo, no siempre el padre o madre viejos son la víctima desvalida, también pueden ser cómplices o victimarios y el hijo el "chivo expiatorio".

En la familia funcional, los vínculos se crean y recrean en la interacción cotidiana. Todo está en negociación permanente, las crisis son la oportunidad para modificar las relaciones humanas y adquirir recursos para enfrentarlas. Es posible negociar nuevas respuestas sin rupturas. Entonces, los hijos adultos asumen la responsabilidad frente a los padres.

La responsabilidad filial, como pauta social, posee menor peso social que la ejercida frente a los hijos, pero no es fácil aseverar que está ausente. Desde luego, la calidad de los vínculos se inscribe en la historia de las relaciones interpersonales de la familia, las cuales generalmente son producto de una larga historia.

Necesidades de los ancianos

En la actualidad podemos trazar una línea de filiación que sigue un eje generacional y constituye un nuevo modelo de familia extensa, en la que cuentan los ascendientes y descendientes directos (Kalish, 1996). Han sido establecidas nuevas etapas en el ciclo de vida familiar, con periodos más largos y fenómenos nuevos.

Como señalamos en capítulos anteriores respecto al ciclo vital por el que atraviesa una familia, en este caso el anciano participa y se relaciona con los distintos integrantes de la familia estableciendo nuevos papeles y diferentes necesidades en cada etapa.

Podríamos comenzar con los adultos jóvenes que aún no están unidos en pareja, cuyos padres enfrentan la crisis de aceptar que los hijos saldrán del ámbito familiar, y los hijos buscarán establecer relaciones íntimas con otros sin olvidar a su familia de origen y rescatar su sentimiento de pertenencia a la familia en la que nacieron. Aquí, la presencia de los ancianos resulta alejada en la figura de los abuelos.

La etapa siguiente será la unión de la pareja, dentro o fuera del matrimonio, pero en la que hay un compromiso en la nueva estructura familiar, será conformado el sistema marital y las relaciones serán reestructuradas, ya que incluyen ahora a las dos familias de origen, la de él y la de ella: padres, suegros, consuegros, hermanos y hermanas, tíos y tías, etcétera.

La siguiente fase de desarrollo es cuando la familia tiene hijos pequeños; una vez más deberán aceptar nuevos miembros en el grupo y la pareja deberá reajustar su sistema conyugal a la llegada de los bebés, deberán adoptar los papeles de padres e incluir a las familias de origen dentro de los nuevos papeles de abuelos y bisabuelos.

Al crecer los hijos, habrá familias con adolescentes, la transición que enfrentará el grupo familiar será la de incrementar la flexibilidad en los límites familiares para poder aceptar la independencia de los hijos, por lo que la relación padre-hijo deberá cambiar para permitir al adolescente moverse dentro y fuera del círculo familiar. Por lo general, es un buen momento para que la pareja se ocupe de su vida marital y comience proyectos que dejaron a un lado por la crianza de los hijos, es también la época en que los padres de los cónyuges comienzan a mostrar síntomas de vejez.

La etapa siguiente en el ciclo familiar será la salida de los hijos, caracterizada por un constante entrar en el grupo familiar y salir de él. Esta etapa, llamada *de nido vacío*, aparece en la mayoría de las familias cuando los padres tienen entre 40 y 60 años; es nueva para la pareja y deberá encontrar la productividad más que dejar que los miembros de la familia se aíslen, porque ya acabaron las actividades de educación de los hijos. La importancia de la fase de nido vacío radica en que es una de las fases más largas del ciclo de la familia, lo cual explica que en esta etapa aparezcan más frecuentemente las crisis, pues la pareja aún tendrá una vida promedio de 15 a 20 años por delante, y habrá de sortear cambios..

En esta etapa, la pareja puede consolidarse como tal para establecer una relación de adulto-adulto entre los hijos y los padres; asimismo, surge la reorganización interna en el grupo familiar para incluir a los parientes políticos de los hijos. En este estadio del ciclo comienzan a aparecer las enfermedades y ocurre la muerte de los padres y abuelos; inicia la época de jubilación de los padres y aparece el deterioro progresivo, es el momento de realizar un balance entre pérdidas y ganancias.

Por último, llega la denominada *familia en la vida tardía*, periodo en que el individuo deberá aceptar los cambios de papeles generacionales y mantener el funcionamiento de la pareja y de los intereses personales en función de su propio desgaste fisiológico. Solo la actitud personal de crecimiento y trascendencia le permitirá explorar nuevas opciones tanto en los papeles familiares como en los sociales. Deberá aceptar el proceso de envejecimiento y la pérdida, pero también habrá de recuperar las ganancias y optimizar los recursos con que cuenta, recapitular y reorientar una vida de sabiduría y de experiencia.

Asimismo y considerando lo anterior, el individuo deberá apoyarse en las nuevas generaciones y aprender a enfrentar la muerte de los miembros de la familia, de los amigos y de la suya propia. En este proceso, los ancianos revisan su vida, sus necesidades, sus expectativas y sus opciones para lo que les resta de existencia.

Apoyo social y familiar

La familia constituye la más importante red de apoyo social en la vejez. La satisfacción en la vida suele medirse por la relación con los hijos y el resto de los miembros de la familia. Este vínculo implica, en nuestra cultura, una fuerte inversión emocional y, sin duda, como toda relación que suponga dependencia, los sentimientos suelen ser ambivalentes: independencia contra dependencia.

Las redes familiares adquieren nuevas funciones. La ayuda intergeneracional, producida en todos los niveles sociales, genera redes de apoyo que constituyen una modalidad diferente de sociabilidad familiar e implica intercambio de bienes y servicios.

Los padres suelen dar un apoyo real por el alto costo de la educación y la manutención del hijo que no siempre hace aportes al grupo familiar. Ese apoyo real está dándose en las familias contemporáneas: es el cuidado de los nietos por parte de los abuelos, es colaborar en la atención del nieto, en especial si los padres trabajan, dependiendo del sector social al que pertenezcan los padres y los hijos.

Por otro lado, los padres esperan ser retribuidos con afecto, apoyo moral y ayuda financiera o en especie, en el caso de los jubilados, atención de los más viejos y enfermos. En el juego de estas expectativas mutuas operan muchos de los nuevos conflictos intergeneracionales entre hijos adultos y padres viejos.

En otro sentido, la idea general es que los lazos familiares entre generaciones se han debilitado en las sociedades actuales por los cambios que estas experimentan. Sin embargo, diversas investigaciones (Bazo, 2000) muestran que no es así. Incluso es notable que los lazos entre las generaciones son más fuertes que antes, debido a la mayor convivencia en tiempo entre los diversos miembros de las generaciones.

Asimismo, además de recibir apoyo social, las personas mayores no solo son receptoras de ayuda, sino que también realizan una serie de aportaciones de carácter material, económico y afectivo a los miembros más jóvenes de la familia.

De cara al futuro, en las sociedades envejecidas, en las que las distintas fases del ciclo vital se han alargado y las personas viven más años y en mejor estado de salud que sus antepasados, las perspectivas sobre las personas de edad como miembros que contribuyen al bienestar de la familia y de la sociedad serán mayores.

Una cuestión relacionada con la familia y los cambios de carácter estructural es la provisión de cuidados a las personas ancianas dependientes, ya que algunas necesitan ser cuidadas durante varios años debido a sus enfermedades crónicas y grado de discapacidad. La familia en la actualidad es la mayor proveedora de cuidados.

El proceso de envejecimiento en la familia

Con el envejecimiento de la familia, que caracteriza a la sociedad contemporánea, hacen su aparición nuevas crisis. Consideraremos aquí la noción de crisis en su doble acepción: de cambio y desafío. Una familia puede verse atrapada en una larga historia de conflictos no resueltos que conducen a crisis periódicas, que a su vez erosionan las relaciones.

La complejidad de la problemática familiar aumenta en la vejez y con el envejecimiento de la familia, por la superposición de varias generaciones con diferentes necesidades y demandas, y por la intersección de múltiples sistemas normativos de distintas generaciones. La familia multigeneracional requiere diversos recursos para enfrentar el estrés psicológico que deviene del cuidado de padres ancianos.

La vejez suele ser vista como un periodo de estrés incontrolable, debido al afrontamiento de la discapacidad o enfermedad crónicas, pérdida de amigos y familiares y hacerse cargo de la propia muerte. Dentro de esta nueva perspectiva, la vejez no puede ser concebida como un estado con rasgos propios e inmutables, sino como una situación específica que reclama una reorganización general de la vida y abre una nueva historia (Fierro, 1994; Vellas, 1996).

Relaciones intrageneracionales e intergeneracionales

La familia, como sistema multigeneracional, crece y desarrolla a lo largo del tiempo una historia. En su decurso va produciendo cambios en su estructura: quiénes conviven, a qué edad se independizan los hijos, quién cuida de los viejos y otros.

En este proceso hay transiciones que producen cambios, algunos de ellos con un alto nivel de estrés. No todo cambio resulta un problema crítico, algunos surgen de una transición suave, lenta y casi imperceptible.

La familia multigeneracional no es una estructura homogénea, con un comportamiento estable, por el contrario, es una organización relacional muy compleja en la que hoy tres, cuatro o más generaciones deben adaptarse simultáneamente a diversos cambios en el ciclo de vida familiar. La continuidad de la familia queda asegurada por ser un sistema multigeneracional, pero los distintos niveles de demanda y realización de sus miembros complican la convivencia.

Las demandas y necesidades que la familia soporta en su desarrollo vital pueden no ser enfrentadas adecuadamente. Es alterado, por ende, el equilibrio entre estabilidad y cambio, y produce rigidez y desajustes de adaptación que pueden prolongarse por años, con gran sufrimiento para algunos miembros.

La estructura familiar no solo ha cambiado, sino que se ha alargado por el aumento de las generaciones y la disminución de los miembros pertenecientes a una generación, ha cambiado también la duración de los roles y relaciones familiares. Los padres pueden seguir formando parte de las vidas de sus hijos durante medio siglo. Como abuelos, los lazos con sus nietos adultos, incluso con sus bisnietos, pueden durar hasta 20 años.

Un rasgo de la nueva estructura familiar es el denominado verticalización: el número de generaciones vivas aumenta e incrementa las posibilidades de mantener relaciones intergeneracionales, al tiempo que las intrageneracionales se contraen al disminuir el número de miembros de una generación. Las personas en el futuro próximo envejecerán teniendo más vínculos familiares verticales que horizontales, al tiempo que aumenten los abuelos y bisabuelos, disminuirán los hermanos, tíos y primos.

El bienestar de la familia y de los ancianos

Las medidas de satisfacción en la vida juegan un papel muy importante al evaluar el bienestar subjetivo de los ancianos, aquéllas están matizadas por algunas variables de la personalidad, el nivel de aspiraciones y logro de estas y el apoyo social familiar recibido (Pullium, 1989).

De esta forma, el bienestar de los ancianos, desde una perspectiva subjetiva, ha sido definido como la satisfacción por la vida o felicidad, conceptuándose también como la valoración global de la calidad de vida que la persona realiza en función de criterios propios. Para algunos investigadores (Lawton, 1983), la satisfacción o el bienestar subjetivos están referidos a la estimación cognoscitiva del grado de satisfacción con la propia vida, satisfacción que se expresa o concreta en la correspondencia entre metas obtenidas y deseadas.

El efecto de los recursos sobre el bienestar subjetivo en personas ancianas muestra que no declina con la edad. La gente mayor reorganiza su escala de aspiraciones, es decir, reubica las pérdidas para mantener sus niveles de bienestar (Baltes, 1998; Baltes y Baltes, 1993).

Asimismo, hay evidencia suficiente sobre el papel relevante del bienestar subjetivo en la calidad de vida del anciano, el cual es reconocido además como un indicador importante en la experiencia del envejecimiento (González-Celis y Sánchez-Sosa, 2000, 2001).

Por último, es necesario destacar la importancia del bienestar subjetivo del anciano, el cual está delimitado por los factores del contexto social en el que está inserto y que condicionan sus aspiraciones y necesidades fundamentales por medio de la compleja red de normas, valores y relaciones sociales en el funcionamiento de la familia y en la sociedad. Varios estudios (Quintero y González, 1997) demuestran que la percepción del bienestar subjetivo estará condicionada por el apoyo psicológico y social familiar que reciba el anciano, que va a influir junto con las características individuales, motivaciones, valores y preferencias en su calidad de vida.

Nuevas perspectivas de la familia con adultos mayores

En el contexto de la sociedad occidental, esa unidad dinámica que llamamos *familia* parece participar de un modelo de familia extensa modificada. Siguen resultando significativas las relaciones entre padres e hijos y adquieren relieve las relaciones entre hijos adultos y padres viejos. Es una estructura que permanece aún con cambios y matices en la naturaleza de los vínculos. Está inscrita en el marco de una sociedad en la que impera el modelo de sociabilidad con alta demanda de autonomía y la capacidad para elegir alternativas posibles.

En principio, la familia multigeneracional parece oponer al individuo al desarrollo de la solidaridad y la cooperación. En la realidad sigue existiendo solidaridad con los padres viejos, asistidos en muchas de sus necesidades, según el modelo de relaciones controladas. La intimidad no es compartida.

Los padres están cerca de sus hijos, suficientemente cerca por razones prácticas y emocionales, de modo que tienen apoyo mutuo por ambos lados, pero también están separados, para preservar su autonomía. Esta modalidad está instaurada. No la imponen solo los hijos, sino que responde a los deseos de los padres de poseer un espacio libre, de mantener su propia autonomía.

Con conciencia de pertenencia y autonomía, las relaciones son parciales y configuran el modelo de intimidad a distancia, en el que se preserva el vínculo afectivo, con el entendimiento de la ambivalencia que estas relaciones generan y que la adecuada distancia permite paliar.

La relación entre hijos adultos y padres viejos prueba ser una de las fuerzas sociales unificadoras de mayor importancia en el modelo de familia multigeneracional de hoy.

Conclusiones

Es indiscutible que la familia sigue siendo hoy la principal fuente de apoyo social para los seres humanos en general y los adultos mayores en particular. La forma en que son configuradas las redes de apoyo familiares entre hijos, padres y abuelos permite que continúen su existencia y perduren a lo largo de la vida. Los conflictos y su resolución hacen que las familias sigan participando del engranaje de la sociedad y continúen fortaleciéndose los vínculos.

La familia tiene el gran reto de cuidar a sus miembros, niños, jóvenes, adultos y adultos mayores. Para ello debe asignar nuevos papeles a cada uno de sus miembros y hacer los ajustes obligados conforme el ciclo vital de la familia cambia.

Uno de los papeles importantes que deben reconocerse es el de "abuelos", no el de anciano disminuido, con pérdidas y deterioro, incapaz y dependiente, sino el anciano con capacidades, que deberá reorganizar sus propiospotencialidades, ser capaz de minimizar las pérdidas y optimizar las ganancias haciendo uso de sus propios recursos, aunque sean escasos, retomará los que pueda usar y recuperará su dignidad, su papel y su posición dentro de la familia.

Asimismo, individuos independientes, ancianos con mayor percepción de sus capacidades, que hacen uso de los recursos disponibles, contribuirán en las tareas asignadas a los diferentes miembros de la familia, aportando y recibiendo al mismo tiempo mayores contactos sociales, así como mayores recompensas y beneficios dentro de la familia, sintiéndose útiles, compartirán experiencias, proporcionarán apoyo al entorno familiar y estrecharán las relaciones y los vínculos multigeneracionales.

Bibliografía

Baltes, M.M. (1998). The Psychology of the Oldest-Old: The Fourth Age. *Current Opinion in Psychiatry*, 11(4), 411-415.

Baltes, P.B. y Baltes, M.M. (eds., 1993). *Successful Aging. Perspectives from the Behavioral Sciences*. Nueva York: Cambridge University Press.

Bazo, R.M. (2000). Sociedad y vejez: la familia y el trabajo. En Fernández-Ballesteros, R. (dir.). *Gerontología social*. Madrid: Pirámide.

Buendía, J. (1999). *Familia y psicología de la salud*. Madrid: Pirámide.

Fierro, A. (1994). Proposiciones y propuestas sobre el buen envejecer. En Buendía, J. (comp.). *Envejecimiento y psicología de la salud*. Ciudad de México: Siglo XXI.

González-Celis, R.A. y Sánchez-Sosa, J.J. (2000). Self-Efficacy and Other Components of Quality of Life in Older Adults. En *The Gerontologist. 53rd Annual Scientific Meeting "Linking Research to Policy, Practice and Education: Lessons Learned, Tasks Ahead"*, Vol. 40, edición especial II, octubre, p. 315.

González-Celis, R.A. y Sánchez-Sosa, J.J. (2001). La autoeficacia como variable mediadora de la calidad de vida en adultos mayores. *Revista Mexicana de Psicología*, 18(1), 129-130.

Kalish, R. (1996). *La vejez. Perspectivas sobre el desarrollo humano*. Madrid: Pirámide.

Lawton, M.P. (1983). Environment and Other Determinants of Well-being in Older Persons. *The Gerontologist*, 23(4), 349-357.

Morgas, M.R. (1995). *Gerontología social. Envejecimiento y calidad de vida*. Barcelona: Herder.

Pullium, R.M. (1989). What Makes Good Families: Predictors of Family Welfare in the Philippines. *Journal of Comparative Family Studies*, 20(1), 47-66.

Quintero, G. y González, U. (1997). Calidad de vida, contexto socioeconómico y salud en personas de edad avanzada. En Buendía, J. (ed.). *Gerontología y salud. Perspectivas actuales*. Madrid: Biblioteca Nueva.

Vellas, P. (1996). Envejecer exitosamente: concebir el proceso de envejecimiento con una perspectiva más positiva. *Salud Pública de México*, 38(6), 513-522.

Acerca de los autores

Luz de Lourdes Eguiluz Romo estudió la Licenciatura en Psicología en la Universidad Nacional Autónoma de México (UNAM), la Maestría en Terapia Familiar en la Universidad de las Américas y el Doctorado en Investigación Psicológica en la Universidad Iberoamericana. Es catedrática de la Facultad de Psicología de la UNAM, de la que también fue directora. Miembro fundador de varias asociaciones de profesionales de la psicología. También creó la Maestría en Terapia Familiar Sistémica en la Universidad Autónoma de Tlaxcala y en la UNAM. Es autora de diversos artículos académicos publicados en revistas nacionales e internacionales y ha publicado 10 libros sobre epistemología, ciclo vital familiar, terapia sistémica, parejas, suicidio y psicología positiva en Editorial Terracota. Cuenta con más de 35 años de práctica profesional en terapia sistémica.

Alba Luz Robles Mendoza cursó la Licenciatura y Maestría en Psicología en la Universidad Nacional Autónoma de México (UNAM). Es doctora en Ciencias Penales y Política Criminal por el Instituto Nacional de Ciencias Penales (Inacipe). Pertenece al Sistema Nacional de Investigadores, nivel I. Imparte cátedra en la Facultad de Estudios Superiores Iztacala de la UNAM, en cuya Secretaría de Desarrollo y Relaciones Institucionales también coordina el Programa de Promoción y Fomento de la Salud Integral (Prosi). Es miembro de diversos organismos dedicados a la salud mental y la criminología, como la Sociedad Mexicana de Psicología Social, la Sociedad Mexicana de Psicología Jurídica y Forense, y el Seminario Universitario Interdisciplinario de Violencia Escolar de la UNAM, entre otros.

José Carlos Rosales Pérez es doctor en Psicología de la Salud por la Universidad Nacional Autónoma de México (UNAM). Cuenta también con una Especialidad en Análisis Estadístico. En la Facultad de Estudios Superiores Iztacala de la UNAM, es profesor en la carrera de Psicología. Sus líneas de investigación se dedican al estudio de salud emocional y el comportamiento suicida en jóvenes. Ha publicado diversos artículos en revistas especializadas y participado en encuentros académicos sobre psicología educativa y aspectos psicosociales de la juventud.

Alexis Ibarra Martínez estudió el Doctorado en Psicología Social en la Universidad Autónoma de Barcelona. Enseña y supervisa enfoques posmodernos y posestructurales en el Programa de Terapia Familiar de la Universidad Nacional Autónoma de México (UNAM), además de ser profesor en la Facultad de Estudios Superiores Iztacala de la UNAM. Sus intereses de investigación se centran en la psicología crítica, las perspectivas críticas de la psicoterapia y los métodos de investigación cualitativos. Ha realizado investigaciones sobre procesos de supervisión desde una perspectiva discursiva y actualmente desarrolla investigaciones sobre psicoterapia en el marco del análisis conversacional. También ejerce como terapeuta en la práctica privada.

Martha Córdova Osnaya es licenciada en Psicología y maestra en Farmacología Conductual por la Facultad de Estudios Profesionales Iztacala de la Universidad Nacional Autónoma de México (UNAM), entidad académica de la Universidad donde también imparte cátedra en la carrera de Psicología. Obtuvo su Doctorado en Antropología por la Escuela Nacional de Antropología e Historia. Es miembro del Sistema Nacional de Investigadores (SNI), nivel I. Ha publicado artículos en revistas nacionales e internacionales, con arbitraje e indizadas. También es autora y coautora de varios libros. Asimismo, ha coordinado proyectos de investigación sobre al comportamiento suicida.

José Gómez Herrera cursó la Licenciatura y Maestría en Psicología en la Universidad Nacional Autónoma de México (UNAM), y obtuvo su Doctorado en Psicología en la Universidad de París V "René Descartes". Es profesor de de la Facultad de Estudios Superiores Iztacala de la UNAM. Las líneas de investigación a las que se ha dedicado son psicología ambiental, desarrollo humano desde la perspectiva histórico-cultural, dinámica de la familia, adolescencia y aspectos psicosociales de la obesidad.

Ana Luisa Mónica González-Celis Rangel es doctora en Psicología por la Universidad Nacional Autónoma de México (UNAM) y profesora de la Facultad de Facultad de Estudios Superiores Iztacala (FES-Iztacala) de esta misma institución. Pertenece al Sistema Nacional de Investigadores, nivel I. Ha sido reconocida por la FES-Iztacala con el Mérito Académico (2009) y con la Cátedra "Alexander I. Oparin" (2010). Entre sus publicaciones están los libros *Evaluación en psicogerontología, Evaluación de calidad de vida en la vejez* y *Terapia cognitivo-conductual de grupo en la atención del adulto mayor. Guía práctica para terapeutas.* Es miembro de la RED Nacional de Psicólogos, adscrita a la Sociedad Mexicana de Psicología, y de la RED Nacional de Cuerpos Académicos y Grupos de Investigación en Psicología de la Salud.

Dinámica de la familia
se terminó de imprimir en la Ciudad de México
en marzo de 2024 en los talleres de Impregráfica Digital,
SA de CV, Av. Coyoacán 100-D, Col. Del Valle Norte,
Alcaldía Benito Juárez, 03103 Ciudad de México.
En su composición se utilizaron tipos
Bembo Regular y Bembo Italic.